Allen Gefährten
auf dem Weg zum LICHT
in Liebe zugeeignet

EIN DEUTSCHER MYSTIKER STELLT SICH DER OEFFENTLICHKEIT VOR.

Es war anfangs Mai 1940, als dem Schriftleiter in seiner Eigenschaft als „Plauderonkel" der in einem deutschen Verlage im Mittelwesten erscheinenden deutschsprachigen Zeitungen eine Zuschrift zuging, die unterzeichnet war: „Der Eremit aus dem Felsengebirge, Montana", und folgendermassen lautete:

„Ich bin zweifelsohne der älteste Leser dieser Zeitung, nämlich über 94 Jahre alt. Ich wohne hier im südwestlichen Teile von Montana auf einer kleinen Farm, die fast ganz abgelegen ist von jedem Verkehr. Tatsächlich bekomme ich beinahe das ganze Jahr hindurch keinen Fremden zu sehen, ausser ich fahre mit meiner alten Ford nach der nächsten kleinen Stadt, um mir die wenige Post, die ich bekomme, abzuholen. Im Winter kann das wegen Schnee manchmal wochenlang nicht geschehen. Dann mache ich mich manchmal mit meinem treuen ‚Philos', meinem grossen russischen Windhund, zusammen zu Fuss nach dem Städtchen auf. Ich decke mich gewöhnlich im Herbst mit Konserven ein für die langen Wintermonate. Da ich mir also immer nur von Zeit zu Zeit meine Post abhole, so bekomme ich die Zeitungen dann von mehreren Wochen auf einmal und vertiefe mich — während der Wintermonate — oft Tage und Nächte ins Lesen. Ich bin ganz allein, und wenn ich mal sterbe, so mag es sein, dass mich überhaupt niemand vermisst und ich hier vermodere, bis zufällig einmal jemand vorbeikommt. Es führt nämlich kaum ein rechter Weg zu meinem Platz hin. Wenn ich im Frühjahr, Sommer und Herbst meine alte Ford fahre, so fahre ich von der Hauptstrasse einfach an einer bestimmten Stelle ab, und die Radspuren sind gewöhnlich bald verweht. — Ob ich noch immer frisch bin? Ja, das bin ich. Die wenigen Menschen, die mich im nächsten Städtchen kennen, wenn ich dort meine Einkäufe mache, halten mich für höchstens 60 Jahre. Ich gelte für die Bewohner als ein Wissenschaftler, der geologische Studien betreibt. Und das ist gut so. Ich war den grössten Teil meines Lebens allein und will allein bleiben bis zu meinem Lebensende, nur mit meinem ‚Philos' um mich. — Nun werden die Leser gern wissen wollen, was ich für ein sonderbarer Kauz bin. Mit jungen Jahren verliess ich Deutschland, nachdem ich den deutsch-französischen Krieg als junger Garde-Offizier mitgemacht hatte und verwundet worden war. Die Verwundung heilte nur schwer wieder aus. Ich hatte Geld, da ich der einzige Sohn meiner Eltern war, die bald nach Kriegsschluss schnell hintereinander gestorben waren. Ich verliess Deutschland eigentlich nur, um irgendwo Heilung für meine Verwundung zu finden. Ich reiste durch Nordafrika und kam nach Indien, wo ich bis nach dem herrlichen Kaschmir hinaufgelangte. Dort machte ich die Bekanntschaft eines indischen Philosophen und ,Heiligen', der mich viel lehrte, unter anderem wie ich meine Verwundung durch die in mir innewohnende Kraft selbst heilen könnte. Er lehrte mich aber noch viel mehr. Er lehrte mich auch in die Zukunft und Vergangenheit zu schauen. Ueber vieles darf ich nicht schreiben; manches kann ich bekanntgeben. Da in letzter Zeit oftmals sogenannte Prophezeiungen hier veröffentlicht wurden, dachte ich, manches aus meiner eigenen Erfahrung mag die Leser interessieren. Ich will gern gelegentlich mal darüber schreiben, stelle aber eine Bedingung an den ,Plauderonkel', und die lautet: dass unter keinen Umständen mein Name und Adresse bekanntgegeben werden dürfen. Zum ,Plauderonkel' habe ich das Vertrauen, zumal ich aus seinen ,Gedanken und Betrachtungen' ersehe, dass er ein tiefer Denker, Philosoph und vor allem sehr religiös veranlagt zu sein scheint. — Soviel diesmal. Sobald ich die Versicherung des ,Plauderonkels' habe, dass er unter keinen Umständen meine Adresse fortgibt, schreibe ich mehr."

Der Inhalt dieser Zuschrift fesselte den Schriftleiter in aussergewöhnlichem Masse, einmal von dem Standpunkt eines Zeitungsmannes aus, der sich freut, interessanten Lesestoff für seine Leser erhalten zu können, und ferner weil der Schriftleiter selbst sich seit Jahrzehnten mit philosophischen Problemen, wie sie der Schreiber andeutete, befasst hatte. Er antwortete deswegen dem Einsender, er dürfe sich versichert halten, dass niemand seinen Namen und Adresse erfahren würde. Das war absolut keine Vergünstigung, die gewährt wurde. Solche Zusicherungen wurden jedem Einsender an die „Plauderecke" gegeben, der darum bittet. Um so überraschender war es später für den Schriftleiter, dass die Zusicherung, die er auf Wunsch jederzeit jedem andern Leser gegeben hatte, Anlass zu allerhand Verdächtigungen gab, die jeder Grundlage entbehrten.

Der „Plauderonkel" gab also dem „Eremiten" die gewünschte Zusicherung, dass ihm dasselbe Recht zustehe wie jedem anderen Einsender, nämlich ungenannt zu bleiben. Darauf ging folgende weitere Zuschrift vom „Eremiten" ein:

„Ich habe die Aufforderung des ‚Plauderonkels' gelesen, etwas über meine Erlebnisse in Kaschmir zu berichten. Ausserdem habe ich auch seine Zusicherung, dass er niemandem meine Adresse mitteilen werde. Ich glaube und vertraue dem ‚Plauderonkel', der mich persönlich nicht kennt, ich ihn aber, da ich ihn schon manchmal im Traume besuchte und Landschaften und ideale Zustände zeigte, die er beim Aufwachen allerdings nur für Träume gehalten hat, die aber in Wirklichkeit mehr als das waren. Manchmal schien der ‚Plauderonkel' zu ahnen, als ob er irgendwie in Verbindung mit unsichtbaren Kräften stände, doch da er keine Gewissheit hatte, so dachte er nicht mehr weiter darüber nach. Nun, ich kann ihm sagen, dass er in gewissen Kreisen von philosophischen Menschen, über die ich noch schreiben werde, nicht unbekannt ist, und dass er in diesen Kreisen als ein sehr fortgeschrittener Mensch angesehen wird, der vor allem seine Lebenspflichten stets ohne Murren aufnimmt, ganz gleich, was ihm das Schicksal gerade zu tun aufträgt. Das sind Eigenschaften, die wichtig in der Entwicklung sind. Menschen, die nur das Sensationelle suchen und gleich wieder, sobald das Sensationelle anscheinend nicht befriedigt wird, sich irgendetwas anderem zuwenden und so in ihrem Leben zwischen unzähligen Theorien und Anschauungen immer hin- und herflattern, können sich nicht harmonisch entwickeln, sondern hindern sich nur selbst durch ihre Unstabilität. Ganz etwas anderes ist es aber, wenn man sich ändert durch eine innere Wandlung, ohne dass einen irgend etwas Sensationelles anlockt. Das sollte jeder tun. Kein Mensch soll verkrusten, doch er soll bei seinem Suchen nicht sensationslüstern sein und nicht immer nur nach seinem eigenen ‚persönlichen Vorteil' jagen. — Nun, nachdem ich die gewünschte Zusicherung habe und ich weiss, der ‚Plauderonkel' würde sich eher umbringen lassen, ehe er meine Adresse irgend jemandem mitteilte, will ich in einer Reihe von Artikeln durch die ‚Plauderecke' meine seltsamen Lebensschicksale mitteilen, soweit ich das kann und darf, denn ich stehe gleichfalls unter Verpflichtung, da manches, was ich weiss und gelernt habe, gefährlich wäre, der Oeffentlichkeit preiszugeben. Ich fühle, dass ich in nicht allzu langer Zeit das irdische Dasein gegen ein viel schöneres vertauschen werde, was wir Menschen als ‚Sterben' zu bezeichnen pflegen. In Wirklichkeit ist ‚Sterben' die wahre Geburt der Seele in ihrer eigenen Heimat. Diese ‚seelische Geburt', ‚Sterben' genannt, vollziehen wir bewusst, im Gegensatz zur irdischen Geburt, die sich unbewusst für uns abspielt. Darum ist das ‚Sterben' für den Menschen scheinbar auch schwerer als das irdische Geborenwerden. Ich schreibe ‚scheinbar', und das stimmt. Denn sobald der Mensch erst einmal weiss, dass ‚Sterben' eigentlich seelisches und geistiges Erwachen ist, fällt die Todesfurcht vollständig fort. Ich wünschte, ich könnte allen meinen Landsleuten wenigstens die Todesfurcht fortnehmen. Sie ist unnötig. Doch das werden die Leser erst einsehen, wenn sie meine Mitteilungen gelesen haben werden. Ich werde von jetzt ab immer Fortsetzungen einschicken, werde aber damit aufhören, sobald irgendeine Beschwerde von jemandem bei mir persönlich einläuft, was mir beweisen würde, dass meine Adresse doch bekanntgegeben wurde. Nur der ‚Plauderonkel' darf an mich schreiben, und ich bitte ihn, meine Adresse nicht irgendwie aufzuschreiben, sondern auswendig zu lernen. Ich möchte meinen Landsleuten alles das mitteilen, was ich erlebt habe, möchte aber nicht mit persönlichen Briefen belästigt werden."

Niemals hätte es sich der „Plauderonkel" träumen lassen, dass die „Mitteilungen des Eremiten" — unter diesem Titel erschienen die Zuschriften — ein derartiges Aufsehen unter den Lesern erregen würden, wie es der Fall war. Es regnete förmlich Zuschriften an die Redaktion. Die meisten bestanden in persönlichen Fragen, die dem „Eremit" zugesandt wurden. Der „Eremit" berichtete darüber:

„Danke für Uebersendung der Zuschriften. Das waren gewaltige Postsendungen, die in der kleinen Ortschaft, wo ich meine Post zu holen pflege, geradezu Aufsehen erregten. Man machte seine Scherze mit mir und fragte mich, ob ich eine Heiratsanzeige aufgegeben hätte, weil ich auf einmal soviel Post erhielte. — Zunächst möchte ich nochmals klarmachen, dass keiner der Briefsender von mir eine persönliche Antwort erwarten kann. Mein Wohnsitz muss unbekannt bleiben. Das war die Bedingung, unter der ich zu schreiben begann. Der ‚Plauderonkel' versprach mir das, und so — es tut mir leid für den ‚Plauderonkel'—hat dieser die ganze Last des Briefwechsels zu tragen. Ich schicke ihm die Briefe mit meinen Bemerkungen zu und überlasse es ihm, ob er die Antwort durch die Zeitung geben oder persönlich antworten will. Zu letzterem befürchte ich, wird er wohl nicht viel Zeit übrig haben. Aus dem hier Mitgeteilten kann der Leser ersehen, dass er eigentlich von mir niemals eine direkte Mitteilung erhält, sondern nur indirekterweise durch den ‚Plauderonkel'."

Allmählich stellten sich aber auch Verdächtigungen und Kritiken ein. Unter diesen waren die hauptsächlichsten: „Der Eremit will für irgendeine neue Sekte auf den Seelenfang gehen!" — „Der Schreibstil des Eremiten ist der des Plauderonkels" — „Warum tritt auf einmal dieser Eremit hervor unter uns Deutschen? Was steckt dahinter?" Auf alle diese Einwürfe antwortete der „Eremit" selbst in folgender Weise:

„ . . Ehe ich die versprochenen Mitteilungen darüber mache, was ich sowohl persönlich erfahren habe wie über das, was mir von den ‚heiligen Männern' Indiens über das Sterben eröffnet wurde, möchte ich ausdrücklich betonen, dass es sich dabei um Veröffentlichungen handelt, mit denen nicht irgendwie versucht wird, für irgend etwas oder irgend jemanden Propaganda zu machen oder irgend jemanden zu bekehren. Dem ‚Eremiten' ist es ganz gleich, welcher Religion jemand angehört, der das liest. Gleichgültig ist es ihm auch, ob man seinen Ausführungen Glauben schenkt oder nicht. Er will den Leser dieser Zeitung im Geiste wahrer landsmännischer Gesinnung Angaben machen, die zweifelsohne manchem einen inneren Frieden schenken werden, den dieser vielleicht schon lange gesucht haben mag. Deswegen kann und soll jeder seinem jeweiligen Glauben treu bleiben; nur wird er vielleicht seine eigene Religion künftig um so klarer erkennen . . ."

Eine Woche später kam nochmals der „Eremit" auf die erwähnten Vorwürfe wie folgt zurück:

„ . . Unter den zahlreichen Zuschriften, die mir vom ‚Plauderonkel' zugehen, finden sich manche, die wirklich überraschend sind und beweisen, dass es doch gut ist, dass ich mich durch Vermittlung des ‚Plauderonkels' den Landsleuten vorgestellt habe. Ehe ich auf einzelne Fragen eingehe, möchte ich noch etwas vorausschicken, eine Bitte. Es ist leicht möglich, dass der ‚Plauderonkel' in seiner Vermittler-Rolle falsch verstanden werden mag oder ihm Motive untergeschoben werden, die nicht den Tatsachen entsprechen. Daher möchte ich schon jetzt alle Leser der ‚Plauderecke' bitten: Haltet zu eurem ‚Plauderonkel', denn ohne ihn hättet Ihr niemals von mir gehört und würdet Ihr niemals mehr etwas hören! Ich muss zu meinen Mitteilungen jemand haben, der genügend entwickelt ist, um mich vollauf zu verstehen. Das ist beim ‚Plauderonkel' der Fall, denn, wie später nochmals erwähnt, erhält er die Mitteilungen von mir nicht nur brieflich, sondern auch noch auf ‚andere Weise', die hier jetzt zu erklären zu weit führen würde. Da sich in letzter Zeit die Mitteilung auf ‚andere Weise' zwischen dem ‚Plauderonkel' und mir immer besser herausbildet, so mag das einst vielleicht die alleinige Vermittlungsmethode werden . . . "

Zu den geäusserten Verdächtigungen, dass die „Mitteilungen des Eremiten" im Schreibstil des „Plauderonkels" abgefasst seien, äusserte sich der „Eremit" wie folgt:

„Wie ich schon betonte, hätte ich das Schreiben an die ‚Plauderecke' niemals begonnen, wenn nicht der gegenwärtige ‚Plauderonkel' ein Mann wäre, der mit der Materie, über die ich berichte, vollauf vertraut und in seiner seelischen und geistigen Entwicklung weit genug fortgeschritten ist, um meine ihm zugehenden kurzen Mitteilungen richtig wiedergeben zu können. Da aber niemand von seinem Schreibstil freiwerden kann, so zeigen meine Veröffentlichungen vielfach den Schreibstil des ‚Plauderonkels'. Die Mitteilungen an sich sind echt und kommen von mir, dem ‚Eremiten', doch die Formulierung erfolgt durch den ‚Plauderonkel'. Ich bin nämlich nicht mehr so gut in der deutschen Sprache, um einwandfrei so schreiben zu können wie der ‚Plauderonkel'. Ausserdem kann ich diesem auch meine Mitteilungen auf verschiedene Weise und nicht bloss brieflich zugehen lassen. Man wundere sich also nicht darüber, wenn meine Schreibereien vielfach den Schreibstil des ‚Plauderonkels' aufweisen, da meine Mitteilungen von ihm erst ‚druckreif' umgearbeitet werden müssen . . ."

Auf den Vorwurf hin: „Warum tritt dieser Eremit plötzlich unter uns Deutschen auf? Was hat das alles zu bedeuten?" antwortete ebenfalls der „Eremit" persönlich wie folgt:

„. . . Nun noch eine andere Bemerkung: Warum habe ich plötzich an die ‚Plauderecke' und an eine deutsche Zeitung zu schreiben begonnen? Der Hauptgrund ist, dass wir in einer sehr ernsten Zeit leben, und dass der Menschheit in ihrer Gesamtheit in den nächsten Jahren noch schwere Stunden bevorstehen. Da diese Zeitung eine sehr weite Verbreitung hat, so glaube ich, meinen engeren Landsleuten einen Trost dadurch gewähren zu können, dass ich ihre Augen über das Sterben öffnen will. Es mag noch einmal zum Trost für sie werden, wenn sie wissen, dass es überhaupt keinen Tod gibt, und dass das Sterben fast schmerzlos, ein natürlicher Vorgang ist, und dass es nachher ein Weiterleben gibt. Obgleich es unter den ‚vorgeschrittenen Menschen' Vertreter aller Nationalitäten gibt, ist darüber meistens nur von Engländern oder Indern berichtet worden. Meine Berichte sollen den Deutschen zeigen, dass es unter den fortgeschrittenen Menschen auch Landsleute gibt, und dass somit jeder Mensch, also auch der Deutsche, die Gabe besitzt, in die Reihen der vorgeschrittenen Menschen aufgenommen werden zu können, sobald die Zeit dafür ‚reif' ist! Ich sende diesmal meine Antwort auf einige Anfragen und Zusendungen mit, die ich den ‚Plauderonkel' bitte, gemäss meiner Notizen zu beantworten. Zum Schluss sei erneut bemerkt, dass ich mit den Lesern dieser Zeitung nur solange in Verbindung bleibe, wie der gegenwärtige ‚Plauderonkel' die ‚Plauderecke' leitet. Nur mit ihm, der weder trinkt, raucht, noch Fleisch isst, kann ich die Verbindung aufrechterhalten, die gegenwärtig zwischen ihm und mir und somit zwischen den Lesern dieser Zeitung besteht ..."

Da dem „Eremiten" nichts daran gelegen war, irgendwie „sensationell" zu wirken, und genau wie der Schriftleiter der „Plauderecke" erstaunt war über das Aufsehen, das seine Veröffentlichungen unter den Lesern einer deutschsprachigen Zeitung hervorgerufen hatten, so setzte er für einige Wochen seine Zuschriften aus, war aber bereit, weiter ihm zugehende Fragen zu beantworten. Deswegen schickte der „Plauderonkel" alle laufenden Zuschriften dem „Eremiten" zu, die dieser mit Randbemerkungen versah und dem „Plauderonkel" zur Erledigung zurückschickte. Die Arbeit wurde dem „Plauderonkel" nun beinahe doch zuviel, denn er konnte nicht alle Antworten durch die „Plauderecke" geben, sondern musste sie auch machmal brieflich erledigen, da sie zu persönliche Angelegenheiten betrafen.

Als nach einer Weile der „Eremit" seine Mitteilungen wieder aufnahm, erfolgten nun recht unfreundliche Angriffe gegen ihn, die der „Plauderonkel" ebenfalls veröffentlichte. Auf diese Angriffe kamen Antworten aus dem Kreise der Leserschaft, und dabei erfolgte dann auch aus den Reihen der Leser der Vorschlag nach einer besonderen Zeitschrift, die die Gegner ja nicht zu lesen brauchten. Zu diesem Vorschlag äusserte sich der „Eremit" folgendermassen:

„... Ein anderer Vorschlag könnte nur vom ‚Plauderonkel' selbst erledigt werden. Wie gesagt, ich habe keinerlei Interesse an irdischen Vorgängen für mich, als eben nur meine Landsleute beraten zu wollen in dem, was ich selbst erfahren habe. Der hier erwähnte Vorschlag lautet dahin, eine eigene Veröffentlichung herauszugeben, da die vielen Probleme, die von mir behandelt werden, unmöglich in einer Zeitung wie dieser mit ihren vielen verschiedenartigen Lesern beschrieben werden können. Wer diesen Vorschlag unterstützt, wende sich diesbezüglich an den ‚Plauderonkel‘. Ich will nichts damit zu tun haben. Falls jedoch der ‚Plauderonkel‘ sich eine solche Extraarbeit aufhalsen will, so ist das seine Sache. Doch man vergesse nicht, dass eine solche besondere Veröffentlichung Geld kostet. Man kann aber wirklich vom ‚Plauderonkel‘ nicht erwarten, dass er die ganze Arbeit auf sich ladet und noch sein eigenes Geld dafür opfert. Und soviel ich weiss, ist der ‚Plauderonkel‘ ebenfalls nicht mit irdischen Gütern gesegnet ... Mehr kann nicht in einer Zeitung gesagt werden, die auch von Personen gelesen wird, die vielleicht an dem hier Gesagten nicht interessiert sind. Alle diese Sachen und noch unzählige andere zu genau zu behandeln, dafür wäre eine besondere Zeitschrift erforderlich ...“

Da, obgleich gut 99 Prozent der Leser auf seiten des „Eremiten“ standen, der verbleibende ein Prozent von Lesern aber weiter abfällige Zuschriften einsandte, die vom „Plauderonkel“ genau so korrekt wie alle anderen Zuschriften behandelt und veröffentlicht wurden, so brach der „Eremit“ seine Mitteilungen schliesslich von allein ab mit folgendem Abschiedsbrief:

„... Unter den mir übersandten Zuschriften befanden sich auch solche, die an meinen Mitteilungen Anstoss zu nehmen scheinen. Aus diesem Grunde nehme ich hiermit Abschied von der Allgemeinheit, da es nicht angeht, dass ich mit meinen Aeusserungen irgendwelches Aergernis errege. Das geht nicht nur gegen meine Prinzipien, sondern hiesse auch, das Entgegenkommen dieser Zeitung und die Geduld des ‚Plauderonkels‘ missbrauchen. Mit dem ‚Plauderonkel‘ bleibe ich aber weiter in Kontakt, und es ist nur durch ihn, dass ich von den Lesern dieser Zeitung erreicht werden kann. Ich weiss, es wird viele, viele Leser geben, die mein Schweigen bedauern werden. Daher möchte ich erneut aufmerksam machen, dass ich nach wie vor bereit bin, für eine besondere Zeitschrift zu schreiben, wenn der ‚Plauderonkel‘ sich diese Arbeit machen will, wozu ihm freilich die Mittel fehlen. Falls ihm diese zur Verfügung gestellt werden und ich meine Mitteilungen fortsetzen könnte, wüsste jeder, was er in einer solchen Zeitschrift zu erwarten hätte, und könnte darauf abonnieren oder nicht abonnieren. Ich bin aber bereit, auch weiterhin noch Fragen von individuellen Lesern kurz zu beantworten, wenn solche zur Beantwortung in einer Zeitung wie dieser geeignet sind. Solche Fragen sind jedoch an den ‚Plauderonkel‘ zu richten. Nur durch ihn kann ich, um es nochmals zu erwähnen, erreicht werden, sonst auf keine andere Weise, zumal mich meine weit entfernt wohnenden Nachbarn nur als Wissenschaftler kennen und niemand weiss, dass ich lange in Indien war und dort die Schule der Initiierten absolviert habe. Es ist aber auch nicht nötig, dass sie es wissen, da ich unbekannt bleiben will und mir an Ehrungen und Auszeichnungen dieser Welt nichts gelegen ist. Ehe ich mit ‚Mitteilungen' in dieser Zeitung aufhöre, will ich nochmals betonen, was mich veranlasste, aus meiner Abgeschiedenheit plötzlich hervorzutreten. Da ich selbst deutscher Abstammung bin — wie ich mitteilte —, wollte ich alle Deutschstämmigen wissen lassen, dass es unter den Initiierten, von denen sich einige auch zur Zeit hier in Amerika aufhalten, auch Deutschstämmige und nicht nur Engländer und Inder gibt, wie vielfach der Eindruck hervorgerufen worden ist. Wir Initiierten untereinander stehen über Abstammungs-Anschauungen und arbeiten selbstlos und aufrichtig Hand in Hand zum Besten einer höheren Gemeinschaft, die sich die Weisse Bruderschaft nennt, die sich niemals in Politik oder kulturelle Streitigkeiten einmischt, sondern nur die Geschicke der Menschen im Sinne und Geiste des Menschheits-Fortschritts zu leiten versucht. Wie das geschieht, wäre ein langer, langer Artikel. Mit meinem Hervortreten unter den Deutschen wollte ich diesen zeigen, dass wir nicht nur durch englische Logen mit solchen Initiierten in Verbindung zu treten brauchen, sondern dass das auch durch Deutschstämmige geschehen mag. Ferner weiss ich, dass die ganze Menschheit — und somit auch wir Deutschstämmigen — in den nächsten Jahren noch viel durchmachen werden. Da sollte ihnen die Versicherung eines ‚Eingeweihten' zum Trost gereichen, dass es keinen Tod gibt. Alle wir Initiierten, obgleich einige den Weg über andere Religionen gegangen sind, wissen, dass es nur einen Zustand gibt, der uns über alles Irdische erhebt, und dieser Zustand ist das ‚Christus-Bewusstsein'. Damit sei die Frage vieler beantwortet, wie wir Initiierten zum Christentum stehen. Auf die Frage, ob die eine oder andere Anschauung die richtige ist oder nicht, möchte ich nur antworten, dass in jeder, in der ernstlich gesucht wird, die Wahrheit vorhanden ist. Verschieden gesehen wird sie nur, weil die Träger der verschiedenen Anschauungen eben nicht alle gleichgerichtet denken und erleben. Wir alle kennen die Herrlichkeiten und Schönheiten der Musik. Wenn wir Musik hören, die nicht gut ist, so braucht die Schuld nicht an der Musik an sich zu liegen, sondern entweder am Piano —

ob gestimmt oder ungestimmt — oder am Spieler, ob Künstler oder Dilettant. Deswegen bleibt Musik an sich aber doch dieselbe erhabene Kunst. Genau so ist es mit der göttlichen Wahrheit. Diese ist immer da, nur wird sie gar sehr oft und von verschieden gearteten Menschen verschieden aufgenommen und verarbeitet. Daher kann man niemals sagen, diese Religion oder Richtung ist richtig und jene ist falsch. Nein, die göttliche Wahrheit ist ewig dieselbe, und mittels des ‚Christus-Bewusstseins' allein können wir alle irdischen Hemmungen und Hindernisse überwinden und — ‚wiedergeboren' werden."

Nun ist die verlangte besondere Zeitschrift in der deutschsprachigen Monatsschrift: „Geistiges Leben" in Erscheinung getreten.

Der „Eremit" selbst hat mit der Leitung dieser Zeitschrift nichts zu tun. Er ist jetzt zu weit vom irdischen Leben abgerückt, um an irdischen Geschäftsunternehmungen irgendwie interessiert zu sein. Die Verantwortung — auch die finanzielle — ruht deswegen allein auf den Schultern des Schriftleiters.

* * *

Der „Eremit“ hört das erste Mal von „Eingeweihten“.

Als ich nach Indien gekommen war, sah es dort noch lange nicht so aus wie heute. Die Inder waren mit und unter einander noch nicht in nähere Fühlung getreten, denn zur damaligen Zeit gab es keine indische National-Bewegung. Es gab damals noch viele Gegenden in Indien, wo man lange jemanden suchen musste, der Englisch verstand und einem auch auf Englisch zu antworten fähig war.

Ich lies mich anfangs einfach vom Schicksal treiben ohne irgendein festes Ziel, hatte im Innern aber immer das intuitive Empfinden, trotz dieses scheinbaren Treibens irgendwie geleitet, geführt und redigiert zu sein. Das war auch der Fall, wie ich allerdings erst viel später erfuhr, was jedoch hier bereits vorausgeschickt sei. Mein Reisen war nämlich nicht so einfach, da ich infolge der Kriegsverletzung oftmals meinen Verband erneuern musste. Ich hatte im Krieg eine tiefe Wunde im Oberschenkel erlitten, die sich nicht für dauernd schloss, sondern immer wieder aufbrach und zu eitern begann. Da mir aber genügend Geldmittel zur Verfügung standen, so konnte ich mir beim Reisen einen Diener leisten, der mir auch stets vorbildlich treu zur Seite stand und, wie ich dann später erfuhr, nicht von ungefähr in mein Leben getreten war, da er bald mein allverehrter Lehrmeister wurde und ein sehr, sehr weit fortgeschrittener Mensch war. Er starb erst vor zwölf Jahren im hohen Alter von 120 Jahren. Vor seinem Tode sagte er mir, er könnte sehr wohl noch länger leben, möchte jetzt aber den Naturkräften freien Lauf lassen, da ihm im Jenseits grosse Aufgaben bevorständen, weil die gesamte Menschheit in den nächsten Jahren noch sehr, sehr viel durchzumachen und zu leiden haben werde infolge von Kriegen, Umwälzungen und dann nachfolgenden Epidemien.

Mit diesem meinem ehemaligen Diener und späteren Lehrmeister — nennen wir ihn einfach „Sen“—stehe ich auch jetzt—nach seinem Tode — noch in geistiger Verbindung. Er war es gewesen, der mich veranlasst hatte, an den „Plauderonkel“ zu schreiben. „Sen“ hatte nämlich die Deutschen ganz besonders in sein Herz geschlossen, da er, wie er mir später erzählte, in jüngeren Jahren als Sohn eines reichen Maharadschahs an einer deutschen Universität studiert und während seines Weilens in der deutschen Universitätsstadt das deutsche Volk und die deutsche Landschaft lieben und schätzen gelernt hatte. Die jetzigen europäischen Verhältnisse hatte mir Sen damals schon angekündigt gehabt.

Ich befand mich schon über zwei Jahre in Indien, ehe ich herausfand, wer in Wirklichkeit mein Diener „Sen“ war. Und das kam so: Ich folgte der Einladung eines befreundeten Engländers nach dessen Sommerheim in Simla am Fusse des Himalayas. Dieser heute zu einer Art von internationalem Weltressort ausgebaute Sommersitz der englisch-indischen Regierung hatte damals noch lange nicht das Aussehen des heutigen Simlas. Mein Freund stand in englisch-indischen Regierungsdiensten, hatte jedoch viel freie Zeit für sich, da seine beruflichen Pflichten nicht so drängten und mit Ausnahme des Pandschabs (nach Afghanistan zu) gerade mal ziemlich Ruhe in ganz Indien herrschte. Ich verlebte in Simla wundervolle Wochen. Mein Freund — nennen wir ihn bei seinem Vornamen „Lionell“ — war ein Frühaufsteher, was ich auch immer gewesen war. Es war unbeschreiblich schön, morgens die ersten Anzeichen des werdenden Tages in der Natur zu bewundern. „Lionells“ Besitztum befand sich ausserhalb von Simla am Eingang zu einem sich lang hinstreckenden Tal, dessen Hintergrund durch schneebedeckte, 6000 Meter und noch höher emporragende Berggipfel abgeschlossen schien.

Ein so beobachteter Sonnenaufgang war besonders eindrucksvoll. Während die Sterne zu erblassen anfingen, traten im Hintergrunde die Silhouetten der schneebedeckten Berggipfel langsam immer mehr und mehr hervor, so langsam, wie etwa das Bild auf einer Glasscheibe beim Entwickeln hervorzutreten pflegt. Die Berggipfel selbst erschienen dabei riesengross, solange die übrige Landschaft noch in Finsternis gehüllt war. Zart rosarot leuchteten die Schneefelder zunächst auf, gingen dann in mehr grelleres Rot über und auf einmal lagen die Schneefelder und Gletscher wie von Feuer übergossen da, als die ersten Sonnenstrahlen die Hochgipfel direkt trafen. Allmählich fing dann auch unten bei uns an, die Finsternis der Dämmerung zu weichen. Es waren unbeschreiblich erhebende Minuten, die uns gerade dieser unvergesslich herrliche Sonnenaufgang bereitete.

„Lionell“ unterbrach zuerst die Stille, in der wir bewundernd verharrt hatten. Er sprach begeistert von der Schönheit der Schöpfung. Ich stimmte ihm bei. Wir unterhielten uns allgemein über den Begriff „Schönheit“, wobei wir zu unserer Ueberraschung herausfanden, dass es gar nicht so leicht war, den Begriff „Schönheit“ zu erläutern. Mein Diener „Sen“ hatte schweigend unserer Unterhaltung zugehört. „Lionell“ hatte diesen Morgen ausnahmsweise mal viele dienstliche Obliegenheiten zu verrichten und bat mich, als wir das Haus wieder betreten hatten, mich nach dem Frühstück in der Bibliothek mit Lesen zu unterhalten, bis er zurückkehren würde. Ich begab mich nach dem Frühstück in das Bibliothekszimmer, das äusserst reichhaltig mit Büchern und schriftstellerischen Werken ausgestattet war. Ich trat an ein Bücherregal heran, das u. a. auch gebundene Kopien von amtlichen Berichten über englische Vermessungs-Kommissionen im Himalaya enthielt. Ich griff wahllos — mehr aus Kuriosität — einen dieser Berichte heraus und blätterte ihn durch. Er enthielt zahlreiche Einzelberichte von vorgenommenen Vermessungsarbeiten in Kaschmir und in Hochtälern des Karakorum-Gebirges, dessen Hochgipfel fast alle 8000 Meter und oft noch höhere sind. Es gibt dort nur sehr wenige passierbare Gebirgspässe. Beim Durchblättern wurde ich plötzlich durch den Bericht eines Vermessungs-Beamten gefesselt, der von einem merkwürdigen Erlebnis zu berichten wusste. Er hatte sich in einem Seitentale von seiner Vermessungsgruppe abgesondert und aufs Geratewohl in noch ein anderes Seitental begeben, dessen Hintergrund von einer geradezu grausig-schönen Hochgebirgs-Szenerie abgeschlossen wurde. Die Bergwände stiegen wohl 2500 bis 3000 Meter jäh und schroff an, ohne jeden Felsvorsprung oder Felsabsatz. Oben, auf dem Hochgebirgs-Plateau, waren nun die ebenfalls steilen eigentlichen Hochgebirgsgipfel aufgesetzt mit ihren blendenden Schneefeldern und Gletschern. Wie es in dem Bericht hiess, war das Tal, in dem sich der Vermessungs-Beamte befand, gleichfalls schon ein Hochtal und gegen 2000 Meter über dem Meeresspiegel gelegen. Während er noch die Wucht der Hochgebirgslandschaft auf sich einwirken liess, hörte er Donner rollen. Und schon kamen mit Blitzesschnelle von allen Seiten Wolkenfetzen heran, die die höchsten Berggipfel einhüllten. Finstere tiefere Wolken verhüllten allmählich auch das Hochplateau, und die Felswände tauchten oben in die dunklen Wolkenbänke ein. Grelle Blitze zuckten auf. Der Donner brach sich immer und immer wieder an den Felswänden, ohne aufhören zu wollen. Es fing an, in Strömen zu regnen. Zu dem Donnern gesellte sich noch das Geräusch von aufschlagendem Felsgeröll, das, vom Regen abgelöst, als Steinschlag in die Tiefe geschleudert wurde. Der Vermessungs-Beamte hatte unter einem Felsvorsprung Schutz vor dem Unwetter gesucht, hielt aber die Hochgebirgsgipfel immer noch im Blickfeld, da die zahlreichen Blitze die Hochgipfel immer wieder auftauchen liessen. Oben musste ein furchtbarer Schneesturm wüten, da die Schneefelder grosse Massen von reinem Neuschnee im Lichtschein der zuckenden Blitze zeigten. Das Schauspiel fesselte den Vermessungs-Beamten derart, dass er seinen Feldstecher herauszog und weiter die Hochgipfel beobachtete. Da schien es ihm im fahlen Lichtschein eines zuckenden Blitzes, als ob er in schwindelnder Höhe, nur wenig unterhalb eines der höchsten Gipfel, zwei menschliche Gestalten, wie in der Luft schwebend, wahrnehme. Er glaubte anfänglich, sich getäuscht zu haben. Aber seine Neugierde war geweckt, und so blickte er weiter durch den Feldstecher. Da liess das Gewitter nach und fast ebenso schnell, wie die Wolken gekommen waren, fing das Gewölk an, aufzubrechen. Für kurze Zeit war der Hochgipfel wolkenfrei und der blaue Himmel leuchtete dort durch, wo der Vermessungs-Beamte die Menschen wahrgenommen haben wollte. Er richtete seinen Feldstecher wieder dorthin, und tatsächlich, er sah wieder die zwei Striche, die er für Menschen gehalten hatte. Und jetzt konnte er klar erkennen. Es waren wirklich zwei Menschen, die auf einem schmalen Steg, der von unten wie ein dünner Strich erschien, über einen Abgrund hinwegschritten, der zwei Hochgebirgsgipfel trennte. Da es unmöglich war, sich von unten her diesen beiden Menschen dort oben auf schwindelnder Höhe bemerkbar zu machen, und da sich der Himmel aufs neue zu bewölken begann und es auch wieder zu donnern anfing, so machte sich der Vermessungs-Beamte auf, um zu seiner Vermessungs-Gruppe zu stossen. Im strömenden Regen, der später in Hagel und nassen Schnee überging, traf er dort ein. Als er seine Beobachtungen erzählte, wurde er einfach ausgelacht. Niemand glaubte es ihm, dass dort oben an den steilen Hängen der Hochgebirgsgipfel sich irgendjemand aufhalten könne, und wenn so, dann könnten das nur eingeborene Jäger gewesen sein, die sich wohl verstiegen gehabt hätten. Der Vermessungs-Beamte schloss seinen Bericht ab mit den Worten: „Soviel ich hatte durch meinen Feldstecher feststellen können, seien die Männer, die er oben bemerkt hatte, nicht Jäger, sondern eher Schafhirten gewesen. Solche hätten dort oben allerdings eigentlich nichts zu suchen, da die Herden viel weiter unten in den Tälern weiden. Ich befragte später über meine angestellten Beobachtungen unsere eingebornen Träger, die mir erklärten, dass das wahrscheinlich heilige Männer gewesen seien, die nach ihren Klöstern zurückkehrten. Dort oben in den abgelegensten Hochgebirgstälern gäbe es Stätten, wo heilige Menschen abgeschlossen von der Welt lebten. Einige davon seien schon viele Jahrhunderte alt. Auf meine Frage: Was die heiliden Männer dort oben täten, wurde mir zur Antwort, das wisse man nicht, doch nehme man an, dass sie für die Menschen beteten."

Als ich diesen Bericht gelesen hatte, wurde ich nachdenklich. So fand mich mein Diener Sen, der mich dabei so seltsam betrachtete und ein so merkwürdiges leises Lächeln zeigte, dass es mich stutzig machte. Schon wollte ich ihn fragen, was er von dem Bericht hielte, als er mir meine nur gedanklich gestellte Frage auch schon beantwortete: „Ja, solche heilige Männer gibt es. Auch eine Art von Klösterngebe es oben in verborgenen Hochtälern des Himalayas." Ich war am Anfang sprachlos vor Staunen, fasste mich dann aber und fragte nun Sen, woher er gewusst habe, was ich fragen wollte. Er lächelte abermals und entgegnete, er habe das „gespürt". Auf mein Ersuchen, mehr über diese heiligen Männer zu erzählen, gab sich Sen nunmehr als mein „Seelenfreund" zu erkennen, der mir entgegengeschickt worden wäre, da er und seine Freunde mich lange „wahrgenommen" hätten als jemanden, der nahe davor stände, „seelisch zu erwachen". Er habe sich als Diener verdungen, um nahe bei mir sein zu können und über mir zu „wachen" als eine Art von „seelischem Beschützer" und „Führer". Und dann erzählte er mir mehr von sich und seinen Lebensaufgaben, die so seltsam waren, dass ich aus dem Staunen nicht herauskam. Auf meine Frage, ob ich darüber auch zu Lionell sprechen dürfe, bemerkte Sen, dass dagegen nichts einzuwenden wäre, zumal Lionell ebenfalls ein „Bruder" von ihm sei und somit auch von mir. Ich war also geleitet und geführt worden, ohne es gewusst zu haben. Und da fiel mir auch auf, dass meine Wunde, seit Sen dieselbe auf meine Bitte stets verband, mir lange nicht mehr solche Beschwerden bereitete als früher. Damit war für mich die interessanteste Epoche meines Lebens angebrochen, eine Epoche, die meinem Sein wieder neuen Sinn und Inhalt geben sollte.

Ich verweilte längere Zeit auf dem Besitztum meines Freundes Lionell bei Simla. Die reine Hochgebirgsluft und die vorzügliche Pflege Sens taten meiner Gesundheit ausserordentlich gut. Ich stellte fest, dass mir meine Verletzung lange keine solchen Beschwerden mehr bereitete, und es schien, als ob die Wunde langsam zu heilen begann. Oft sassen wir drei, Lionell, Sen und ich abends in der Dämmerung zusammen und unterhielten uns über philosophische Lebensfragen. Lionell war schon ziemlich tief in die indische Gedankenwelt eingedrungen, hatte unter anderm auch das Buch „Dyan“ gelesen und gab manche interessante Erklärungen daraus über die angebliche Entstehungsgeschichte der Erde, wie sie in dem erwähnten indischen Werke gelehrt wird. Die heiligen Bücher Indiens enthalten viel eingehendere Aufzeichnungen über die frühere Menschheit als die Religionsbücher anderere religiöser Anschauungen, ausser wir lesen diese „zwischen den Zeilen“, wie sie wohl eigentlich auch gelesen werden sollten, mit dem „geistigen Auge“ nämlich. Wir unterhielten uns nun oft auch über die heiligen Männer Indiens und ihre Mission. Im Gespräch stellte ich übrigens fest, dass Sen, der von der Philosophie der heiligen Männer viel zu verstehen schien, immer und immer wieder betonte, dass von diesen der Heiland des Christentums genau so anerkannt werde als „Gottes Sohn“ und „Christus“ wie von den gläubigen Christen. Nach Anschauung der indischen Philosophen sei stets zu bestimmten Zeiten in bestimmten Gegenden der Welt irgendein Religionsstifter aufgetreten, der die ewigen Wahrheiten dem Zeitgeist, der Gegend und der Bevölkerung entsprechend, wo er auftrat, angepasst gelehrt hätte. Daher haben alle Religionen ihre Daseinsberechtigung, aber immer nur für diejenigen, für die gerade eine Religion durch irgendeinen Religionsstifter gegeben werde.

Eines Abends beschlossen Lionell und ich, nach Kaschmir zu reisen, um zu versuchen, mit irgendeinem der heiligen Männer in direkten Kontakt zu kommen, zumal Sen versicherte, dass in Kurzem verschiedene heilige Männer auf ihrer Reise an einer bestimmten Sammelstelle in den Hoch-Himalayas das Tal von Kaschmir durchqueren würden. Auf unsere Frage an Sen, wie wir solche heiligen Männer wohl erkennen würden, bemerkte er, dass wir uns darum nicht im geringsten zu sorgen brauchten, da ein solches Zusammentreffen — scheinbar durch Zufall — von einem der Heiligen arrangiert werden würde. So reisten also Lionell und ich nach Kaschmir ab. Sen bat zum ersten Male um einen längeren Urlaub und reiste nicht mit. Da die Wunde fast ganz zugeheilt war und ich nun seine Hilfe nicht mehr so ständig brauchte, war ich mit seiner Abwesenheit auf drei bis vier Wochen vollständig einverstanden. Sen wollte nach Bombay reisen. Er versprach jedoch, in vier Wochen wieder zurück zu sein. Sollten wir dann noch nicht von Kaschmir zurück sein, so würde er uns dorthin nachfolgen.

Gleich der erste heilige Mann, der mir begegnete, faszinierte mich, ohne dass ich wusste, wer er war. Ich begegnete ihm auf einer staubigen Verkehrsstrasse in einer kleinen Ortschaft in Kaschmir. Ich erinnere mich des Zusammentreffens noch wie heute. Es war ein unvergleichlich schöner Tag. Die Sonne schien vom wolkenlosen Himmel, doch ein Wind, der von den nicht fernen Gletschern der Hochgipfel des Karakorum-Gebirges herunterwehte, machte den Aufenthalt im Freien recht unangenehm. Die Nacht vorher war ein starker Gewitterregen niedergegangen, und die Hochgipfel glänzten in einem Kleide reinsten Neuschnees, der unter den Sonnenstrahlen derart flimmerte und glitzerte, dass man kaum hinzusehen vermochte, Ich stand bei einem eingeborenen Händler und kaufte mir Obst. Als ich mit dem Einkauf fertig war und weggehen wollte, stiess ich versehentlich gegen jemanden, der neben mich getreten war und dessen Kommen ich nicht bemerkt hatte. Ich entschuldigte mich und sah auf. Da blickte ich in ein Gesicht, das, obwohl durchaus männlich, da von einem starken Vollbart umrahmt, doch eine solche Freundlichkeit ausstrahlte, wie ich es noch nie in einem Gesicht gesehen hatte. Die Züge schienen weiblich zart, dabei aber nicht unmännlich. Im Gegenteil, man hatte das Empfinden, dass die Züge dieses Antlitzes, die so freundlich und durchgeistet leuchteten, ebenso gut streng sein konnten, so streng, dass man einfach gehorchen musste. Ich weiss nicht mehr, wie lange ich in dieses faszinierende Antlitz gestarrt hatte, ehe ich mir bewusst wurde, dass ich eigentlich unhöflich handelte. Gerade als ich den Mund öffnete, um mich zu entschuldigen, antwortete mein Gegenüber — zu meiner höchsten Ueberraschung in deutscher Sprache —: „Es ist schon gut, mein Bruder, du brauchst dich nicht zu entschuldigen. Ich kenne dich schon seit langem, und zwar nicht nur von diesem Leben her, sondern seit mehreren Leben. Wir waren einst Freunde, gute Freunde auf einem anderen Gestirn, unter ganz anderen Verhältnissen." Mich verwirrte dieses Gerede so, dass ich nichts zu antworten vermochte. Mein Gegenüber bemerkte das, lächelte freundlich, nickte mir zu und verabschiedete sich mit den Worten: „Und das ist auch nicht das letzte Mal, dass wir uns gesehen haben. Wir werden noch oft zusammensein. Ich habe dir dann viel zu erzählen." Damit drehte er sich um und schritt davon. Ich blieb wie versteinert zurück. Ich kam erst wieder zu mir, als der Händler, bei dem ich eben Einkäufe gemacht hatte, bemerkte: „Das ist ein heiliger Mann. Du kannst glücklich sein, dass er mit dir gesprochen hat."

Ich will, um nicht zu lang zu sein, übergehen, wie ich in den nächsten Tagen und Wochen dann noch andere heilige Männer Indiens kennen lernte. Kurz, das Ergebnis meiner Reise nach Kaschmir war, dass ich mich zu den heiligen Männern hingezogen fühlte und mich zu ihnen in eines der Hochgebirgstäler in eines der dort befindlichen Klöster zurückzog, um als Schüler des heiligen Mannes, der mit mir beim ersten Zusammentreffen deutsch gesprochen hatte, zu studieren. Wir wollen diesen Mann Meister Z nennen. Dieser Meister Z war ebenfalls in Deutschland geboren, hatte während der Unruhen im Zusammenhang mit den frühnapoleonischen Kriegen seine Eltern verloren, war einer französischen Kolonne gefolgt, wo er sich allgemein nützlich gemacht hatte, war auf diese Weise erst nach Spanien und später mit dem französischen Expeditionskorps nach Aegypten gekommen, wo er einen Fakir traf und sich diesem anschloss. Dieser Fakir verliess bald nach dem Abzug der Franzosen, nach der Schlacht bei den Pyramiden, Aegypten und reiste zu Fuss durch Kleinasien und Persien nach Indien. Später ging er hinauf nach Afghanistan. Dort trennte sich der Fakir von dem späteren Meister Z und gab ihm die Adresse einer kleinen Ortschaft in Kaschmir, wo er einen heiligen Mann antreffen werde, dem er dann als Schüler folgen solle. Nach Jahren des allerschwersten Studiums erreichte er schliesslich die „Meisterschaft" und wurde in eingeweihten Kreisen als Meister Z bekannt. Zu mir hatte sich der Meister Z hingezogen gefühlt, erstens, weil ich deutscher Abstammung war, und zweitens, weil er dank seiner okkulten Kenntnisse angeblich wusste, dass wir im früheren Leben auf einem andern Planeten schon unzertrennliche Freunde waren. Er ist heute noch am Leben, obgleich er nach menschlichen Begriffen schon steinalt ist. Er will noch eine Reihe von Jahren auf Erden weilen, weil in der letzten Zeit des Aufbruchs der Verhältnisse der Menschheit hier auf Erden noch unendlich viel Arbeit zu verrichten übrig bleibt; denn in nicht allzu ferner Zeit wird es gelten, unendlich viel Leid und Not zu lindern.

Doch ich habe schon weit vorausgegriffen. Ich hätte mich vielleicht auch nach dem ersten Zusammentreffen mit Meister Z und verschiedenen anderen heiligen Männern noch nicht veranlasst gefühlt, mich um die Erlaubnis zu bemühen, in ihr Kloster aufge-

gemeinsame Meditation

nommen zu werden, wenn nicht, nach einigen Wochen, plötzlich mein ehemaliger Diener und jetziger Freund Sen wieder aufgetaucht wäre. Ich fragte ihn nicht, welche Art von Geschäften er in Bombay zu erledigen gehabt hatte. Wir lebten einige Wochen, wie bisher, weiter. Sen kam niemals auf sogenannte „okkulte“ oder „geistige“ Themen und Probleme von allein zu sprechen, war aber stets sofort willig, mit mir darüber zu reden, sobald ich das Gespräch darauf brachte.

Als wir eines Abends im Garten eines Häuschens in einer kleinen Ortschaft im oberen Kaschmir-Tale zusammensassen — Lionell, Sen und meine Wenigkeit —, überkam uns alle plötzlich so eine wundervolle Stimmung, wie sie jeder Mensch von Zeit zu Zeit erlebt, wenn er innerlich so recht zufrieden mit sich und der Welt ist. Diese Stimmung war für uns aber hundertmal verstärkt friedlicher und angenehmer. Dazu war die Luft still and voller Wohlgerüche der Blumen im Garten. Der Mond stand wie eine runde Kugel, am wolkenlosen Himmel scheinbar angeklebt, und warf ein fahles mystisches Licht auf die Umgebung und die nicht zu fernen hohen Schneegipfel. So intensiv war das wohlige Behagen, das uns alle beseelte, dass unsere Mienen wie verklärt erschienen, als wir uns gegenseitig ansahen. Lionell und Sen blickten wie verzückt mit verlorenem Blick scheinbar ins Leere in die weite Landschaft hinaus. Das innerliche Wohlbehagen war so stark, dass ich nicht länger an mich zu halten vermochte und laut ausrief: “Oh, how happy I feel, how happy!”

Bei diesem Ausruf wandten Lionell and Sen sich mir lächelnd zu und bemerkten:

“So, you feel it too!”

Und nun erzählten sie mir, dass sie sich eben in Meditation zusammen befunden hätten mit heiligen Männern Indiens, die heute abend ihre jährliche Zusammenkunft hätten, die immer mit einer Meditation für das Gute auf der Welt eröffnet würde. Ich hätte das damit verbundene Glückseligkeitsgefühl ebenfalls empfunden, weil ich mit Lionell und Sen zusammen war, die von der Zusammenkunft wussten und durch Mit-Meditieren die Flut der Glückseligkeit empfanden, die von solchem gemeinschaftlichen Meditieren jedermann zuteil würde, der mitmeditiere.

Es war ein eigenartiges beseligendes Erlebnis, was ich freilich später nach öfters erleben durfte, das aber beim ersten Erlebnis den Körper wie mit einem elektrischen Strom durchzuckt, der wie „erlösend“ auf Seele und Geist wirkt. Man hat das Empfinden, „seelisch geöffnet“ zu sein und glaubt in diesem Zustande die Sprache der Tiere zu verstehen, was diese sich gegenseitig durch das Gefühl, das sie in ihre Lautausdrücke hineinlegen, mitzuteilen haben. Der Geist aber scheint jede Erdschwere und Erdbeschränkung eingebüsst zu haben. An was man immer denkt, es ist einem auf einmal „ganz klar“ geworden, und man wundert sich, wie man über all das früher überhaupt hatte nachgrübeln können. Es ist ein Zustand der inneren Ekstase, wobei man aber gleichzeitig eine innere Ruhe und ein beseligendes Behagen empfindet, das einfach unbeschreiblich ist und mit nichts anderm, aber auch wirklich nichts anderm verglichen werden kann.

Als diese Stimmung langsam abzuflauen begann, bemerkte ich:

„Es muss doch wundervoll sein, ein solch heiliger Mann zu sein. Schade, das man es nicht auf Erden werden kann.“

„Aber, du kannst das doch“, antwortete freundlich Sen. „Du musst es nur wollen.“

„Ich weiss aber nicht, wie ich es anfangen soll.“

„Sage es mir, wenn du es willst, und ich bringe dich nach einer Schule für solche heiligen Männer, denn du bist deinem ganzen Vorleben nach reif dafür.“

Ich war innerlich erfreut, zögerte aber doch mit einer Zusage. Es kam da meine deutsche Kleinigkeits-Veranlagung zum Durchbruch. Ich überlegte mir, dass ich da vorher erst noch einmal nach Bombay reisen müsste, um meine persönlichen Angelegenheiten zu regeln, denn ich würde wohl für längere Zeit mich dann nicht mehr um andere und persönliche Angelegenheiten kümmern können. Ausserdem hatte ich noch eine Schwester in Deutschland, mit der ich als einziger Angehörigen öfters korrespondierte. Was sollte ich ihr für einen Grund angeben für mein zu erwartendes langes Schweigen? Kurz, es waren alles Bedenken, tatsächlich Kleinigkeiten, die sich mit einigem guten Willen aber leicht von allein regeln liessen, die mir aber auf einmal riesengross erschienen.

Sen musste erneut meine Gedanken gelesen haben, denn er begann ganz unvermittelt:

„Du brauchst dir keinerlei Sorgen zu machen. Ich habe während meines Weilens in Bombay alles für dich geregelt. Ausserdem holte ich dort auf der Post einen Brief für dich ab, der eine Nachricht enthält, der eines deiner Hauptbedenken beseitigen dürfte."

Damit überreichte mir Sen einen Brief aus Deutschland, der schon längere Zeit auf dem Hauptpostamt in Bombay gelegen haben musste. Ich öffnete ihn. Er enthielt die Nachricht von dem Ableben meiner Schwester.

„Da hätte ich ja nur noch meine sonstigen kleinen persönlichen Regelungen vorzunehmen, wie Benachrichtigen der Bank, dass sie sich nicht sorgen solle, wenn man lange nichts von mir höre, und andere ähnliche kleine Besorgungen."

„Das habe ich schon getan", bemerkte Sen bescheiden und wie im voraus um Verzeihung bittend für sein selbständiges Handeln. „Das war der Grund meiner Reise nach Bombay."

„Ja, aber . . ."

„Ich weiss schon", lächelte Sen; „du willst wissen, wie ich das alles voraussehen konnte. Nun, das ist möglich. Du bist reif für deine Weiterentwicklung. Ich wusste, dass du in ganz kurzem mit dem Verlangen, dich von der Welt zurückzuziehen, kommen würdest."

„Ja, aber hätte ich nicht meine Pläne ändern können? Was hindert mich beispielsweise wohl jetzt noch daran, meine Ansicht zu ändern?"

„Nichts", lächelte Sen. „Aber doch wirst du, auch wenn du jetzt deine Meinung nochmals ändern solltest, bei dieser Aenderung nicht bleiben, sondern bald zu deinem jetzt gefassten Beschluss zurückkehren. Vergiss nicht: wenn etwas reif ist, ist die Reife da. Du magst einem talabwärtsfliessenden Bach wohl sein Bett absperren und somit seinen Lauf für eine Weile aufhalten, aber du kannst nicht das lebende Fliessen des Baches selbst unterbinden. Entweder wird der Bach hinter der Barriere, die du ihm gelegt hast, seine Wasser zu einem See anschwellen lassen, der, sobald er mächtig genug geworden ist, deine Barriere mit Ungestüm fortspült, oder er sucht sich einen anderen Auslass. Siehe, so ist es bei dir. Deine innere Entwicklung ist bis zu einem Punkt gelangt, wo der Strom wohl noch für kürzere oder längere Zeit mag eingeengt werden können — so zum Beispiel, wenn du jetzt deine Meinung änderst —, aber du darfst auch sicher sein, dass die Macht des Stromes dann irgendwo anders einen Ausweg suchen wird. Und das mag dann nicht so angenehm für dich sein wie jetzt, wo alles infolge der Reife seinen natürlichen Lauf nimmt, und deine Entwicklung zur weiteren Verinnerlichung einen ruhigen Gang nehmen wird, der vollen Erfolg verspricht. Tue aber, was du willst. Jeder Mensch hat einen freien Willen, den kein Mensch unterbinden darf."

Nach kurzer Pause im Gespräch antwortete ich:

„Du hast recht, Sen, mit deiner Logik. Ich bin bereit zum Studium und muss dir sogar offen gestehen, dass ich dir nicht nur nicht böse bin wegen deiner selbständigen Massnahmen, sondern dankbar, denn das, was mir vorhin wie ein Hemmschuh erschien, ist von allein von mir gewichen. Ich bin bereit, mit dir zu gehen und mich von dir führen zu lassen, wenn du es willst und du es für richtig hältst."

Da ging eine seltsame Veränderung mit meinem Freund Sen vor sich. Sein Gesicht erstrahlte in einem fast überirdischen Glanz:

„Danke dir, danke dir von ganzem Herzen. Du weisst gar nicht, was du mir mit deinem Entschluss für einen einzigartigen Dienst erwiesen hast. Du warst das letzte Hindernis für mein weiteres Fortschreiten. Durch Verkettungen, die dir noch unverständlich erscheinen, musste ich dich erst auf den Weg der Vollendung bringen. Eher war es mir selbst nicht möglich, weiterzukommen. Dabei durfte ich aber keinerlei Zwang in deinen Entschlüssen ausüben. Der einzige Weg, der mir blieb, war der des Dienens, der treuen Pflichterfüllung. Und dieser Weg hat mir jetzt die Freiheit gebracht. Nun brauche ich nur noch deine Einwilligung, dass du dich unterrichten lassen wirst, und jedes Hindernis für Eintritt in die Schule zur ‚Meisterschaft' der heiligen Männer der grossen Weissen Bruderschaft ist für dich beseitigt."

Ich gab freudig diese Zustimmung. Lionell hatte schweigend dieser Diskussion zugehört. Jetzt trat er auf mich zu, drückte mir die Hand und sagte:

„Jetzt erst bist du wirklich mein Bruder. Ich möchte dir gratulieren, dass du Sen als deinen Leiter gewählt hast. Er war auch der meinige. Allerdings habe ich noch nicht alle Prüfungen durchgemacht, also noch nicht die volle Meisterschaft erreicht, aber ich werde das noch Fehlende später noch nachholen, später, wenn du vielleicht schon viel weiter vorgeschritten sein wirst als ich es jetzt bin."

„Aber nicht auf dieser Erde, lieber Lionell", mischte sich da Sen ins Gespräch. „Du wirst in einigen Jahren deinen Tod finden in einer Mission, die du für dein Vaterland auszuführen hast, dein

Vaterland, das sich dann im Kriege mit unseres Freundes Vaterland befinden wird. Uns freilich wird die Feindschaft der beiden Länder nicht trennen können, da wir sehr wohl wissen, dass solche Feindschaften immer nur vorübergehende Ereignisse sind, hervorgerufen und verursacht entweder durch Staatsmänner und deren Diplomatie oder durch gerade vorherrschende ökonomische und sonstige Verhältnisse."

Lionell reichte mir die Hand:

„Komme, was kommen mag; wir sind von jetzt ab wahre Brüder im Geiste! Sehe ich dich nicht mehr auf dieser Erde, dann woanders. Wir sind durch Freundschaft miteinander verbunden, die durch nichts mehr zerrissen werden kann."

Lionell befand sich viele Jahre später auf dem Schlachtkreuzer, der während des ersten Weltkrieges den britischen Oberkommandierenden Lord Kitchener auf einer diplomatischen Mission nach einem andern Lande bringen sollte. Lionell fand, als dieser Schlachtkreuzer torpediert wurde, den Tod zusammen mit Lord Kitchener und der gesamten Besatzung des Kreuzers.

Nun begann für mich ein neuer Lebensabschnitt, der aus mir einen andern Menschen machte, denn er wandelte mich vollständig. Die Schulung, die ich durchmachte, war nicht leicht, und nicht jeder mag in der Lage sein, sie zu bestehen. Tatsächlich gibt es auch manche Männer und Frauen, die die Schulung bereits begonnen hatten, dann aber wieder aufgaben und abbrachen. Die überwiegende Mehrzahl davon empfing die Unterweisung inspiratorisch oder intuitiv. Sie fühlten sich wohl scheinbar geführt, wussten aber nicht recht, was mit ihnen geschah. Nur wenigen ist es beschieden gewesen, wie mir, die Unterweisung unmittelbar durch Meister Z zu erhalten und in seiner Gegenwart zu weilen. Eine solche Bevorzugung wird nur denen zuteil, bei denen auf Grund ihrer Evolution und ihrer bisherigen Lebensführung hier und auf andern Welten eine gewisse Garantie vorhanden ist, dass sie schliesslich doch ihr Ziel erreichen werden, oder wenn nicht, dann dennoch so ein starker Hang und Durst nach Erkenntnis zurückbleibt, dass sie die Stätte ihrer Unterweisung nie mehr verlassen. Geschieht das doch einmal und ein solcher wieder in die Welt Zurückgekehrter erzählt dann davon in der Welt, um sich gross damit zu machen, so würde das Neugierigen doch nichts nützen, denn die Beschreibung würde stets so unvollständig bleiben, dass der Platz der Unterweisung niemals gefunden werden kann, und nähern sich dennoch zufällig Neugierige der Stelle, so würden sie durch irgendwelche Umstände abgelenkt werden.

Nach der erwähnten Unterredung zwischen Sen, Lionell und mir waren bereits einige Tage vergangen, ohne dass wir eigentlich irgendetwas unternahmen, was darauf schliessen liess, dass wir etwas Ungewöhnliches vorhätten. Kurz, wir trafen keine Anstalten, die Schule der heiligen Männer aufzusuchen. — Der Ausdruck „heilig" wird hier gebraucht, weil die Eingeborenen die Mitglieder der Weissen Bruderschaft so zu bezeichnen pflegen. Wir taten einfach deswegen nichts, weil es schien, als ob wir überhaupt gar kein Verlangen hätten, irgendetwas diesbezüglich zu unternehmen.

* * *

DER AUFSTIEG ZUR SCHULE DER „EINGEWEIHTEN" IM HOCH-HIMALAYA.

Einige Wochen später betrat Sen mein einfaches Zimmer, in dem ich gerade auf meinem Lager ausgestreckt lag und las — meine Wunde war fast ganz geheilt — und fragte bescheiden, ob er mir einen guten Freund vorstellen dürfe. Als ich das bejahte, kam er in Begleitung eines Inders zurück, der einen vorzüglichen Eindruck auf mich machte. Er hatte einen offenen, freundlichen Blick, war einfach, aber sehr sauber gekleidet, und seine Stimme hatte einen einschmeichelnden Klang, als er sprach. Kurz, es war eine Persönlichkeit, zu der jedermann sofort Vertrauen fassen musste und konnte.

„Das ist mein Freund Latah", stellte Sen den Besucher vor. „Er hat dir eine Botschaft von Meister Z zu überbringen."

Ich sprang sofort auf und bat interessiert den Boten, mir die Botschaft von Meister Z mitzuteilen.

„Wenn du bereit bist, Sahib, sollst du mir folgen nach der Stätte, wo sich Meister Z für längere Zeit aufhalten wird. Nimm dir aber warme Sachen mit, da wir über hohe Gebirgsketten hinweg müssen, wo es nachts sehr kalt ist."

„Aber du, lieber Latah," antwortete ich lächelnd, „scheinst dich weiter nicht gegen die Kälte schützen zu wollen, denn du bist ziemlich leicht gekleidet."

Latah lächelte zurück und entgegnete:

„Sahib, wenn du erst mal so lange an unsern Studierstätten in den Hochgebirgstälern geweilt haben wirst wie ich, dann bist du auch so abgehärtet wie ich. Mir kann die Kälte nichts anhaben, da ich gelernt habe, mich durch Willensbetätigung mit einer Aura zu umgeben, durch die die Kälte nicht durchdringen kann und in der ich mich ziemlich behaglich fühle, auch wenn es noch so kalt sein mag. Vorläufig hast du aber solche Konzentrationskraft noch nicht entwickelt und musst dich daher vorsehen, um keinen Schaden zu erleiden."

Wir trafen nun unsere Vorbereitung zur Abreise, was gar nicht lange dauerte, da Sen so etwas Aehnliches wie diese Abreise erwartet haben musste, denn es war schon alles soweit bereit, dass wir tatsächlich bereits zwei Tage nach Eintreffen von Latah reisefertig waren.

Lionell verabschiedete sich von uns am Tage der Abreise, indem er mir innig die Hand drückte und versicherte:

„Also auf Wiedersehen, Bruder, in einer besseren Welt."

Der Abschied fiel mir nicht leicht und zeigte, welche Bande das Schicksal zwischen uns beiden gewoben hatte.

Wir nahmen noch vier Träger aus dem Dorfe mit, in dem wir die letzten Wochen gewohnt hatten.

Früh brachen wir am Tage unserer Abreise auf. Wir folgten dem Laufe eines Baches, der aus einem Seitental herabkam. Ein Fusspfad war alles, was an Wegen vorhanden war. Wir gingen hintereinander. Zuerst kam Latah, sozusagen als Führer, dann folgten die vier Dorfbewohner mit unserm wenigen Gepäck, darauf ich, und den Schluss machte Sen.

Die Sonne schien recht warm. Es bewegte sich kein Lüftchen. Als wir etwa fünf Stunden angestiegen waren, ging es über eine Art von Gebirgszug-Sattel, von dem aus wir einen Blick in das breite Tal zurückwerfen konnten, aus dem wir gekommen waren. Alles lag friedlich da im Sonnenglanze. Die Matten und Hänge waren mit Tamarinden und Weiden bewachsen und die Grashänge durchwirkt mit buntfarbigen Blumen. Unmittelbar hinter dem Tale, aus dem wir gekommen waren, stieg das Hochgebirge himmelwärts an. Die dortigen Hochgipfel waren in schweres Gewölk gehüllt, das aber merkwürdigerweise das breite Tal nicht überschreiten zu können schien.

Nachdem wir uns eine Weile an dem lieblichen, aber auch grandiosen Gebirgslandschaftsbild erfreut hatten, ging es weiter. Der Saumpfad wand sich durch eine enge Schlucht. Auf einmal weitete diese sich, und vor uns lag ein Talkessel ausgebreitet, ebenfalls blumendurchwirkt und mit saftigem Grasbestand. Dahinter war die Welt wie abgeschlossen. Es schien mir einfach unmöglich, die jäh aufsteigende Felswand erklimmen zu können, die meiner Schätzung nach wohl gut 2000 Meter himmelwärts reichte. Dort oben befand sich ein Plateau, denn man konnte die dahinter liegenden Gipfel von über 8000 Meter Höhe nicht sehen.

Hier in diesem Tale beschlossen wir Nachtquartier zu beziehen. Ich wunderte mich, dass wir jetzt, so früh schon, unser Nachtquartier aufschlagen wollten. Latah musste meine Gedanken erraten haben.

„Wir können heute nicht weiter, da wir in kurzem ein schweres Unwetter haben werden, wenn der Himmel auch noch fast wolkenlos zu sein scheint."

Tatsächlich war der Himmel, soweit wir ihn von unserm Talkessel aus sehen konnten, nur mit einigen Zirren bedeckt, die sich wie weisse Pinselstriche quer über das Himmelsblau hinstreckten.

Kaum hatten wir unser grosses Zelt errichtet, in dem wir alle sieben Platz hatten, als es anfing, dunkel zu werden. Der Himmel hatte sich jetzt auch hier mit schwerem, schwarzem Gewölk bedeckt, das sich in den Talkessel herabzusenken schien, denn der obere Teil der jähen Felswand warbereits in den Wolken verschwunden. Man sah von unten her, wie die schwarzen Wolkenmassen an die Felswand heranwogten wie eine Brandung. Ganz plötzlich fing es an zu regnen und zu donnern. Aber noch immer war es windstill. Wir befanden uns im Zelt. Jeder schien mit seinen eigenen Gedanken beschäftigt zu sein.

Plötzlich liess sich ein eigentümliches Brausen vernehmen. Ich sprang auf und lief zum Eingang des Zeltes. Dort bot sich mir ein eigenartiges Schauspiel. Es regnete nur schwach. Da kam die Felswand herunter eine Masse von Felsen gestürzt. Es war ein sogenannter Steinschlag, wie er in manchen Schluchten des Himalaya fast täglich vorkommt. Aber der Steinschlag war ein anderer Lärm als der, der mich herausgelockt hatte. Ich sah mich nach dessen Ursache um und stellte fest, dass er vom Eingang des Talkessels herkam, von wo aus wir gekommen waren. Dort bemerkte ich nun eine Windhose, die wie ein Trichter wirbelnd und lärmend gerade auf unser Zelt zu sich bewegte. Der Wirbel wurde immer breiter und breiter und schien fast das ganze Tal einzunehmen. Das Blitzen und Donnern ging die ganze Zeit über weiter vor sich.

Da der Luftwirbel immer näher kam, drehte ich mich um und rief Latah und Sen zu:

„Was tun wir? Die Windhose kommt auf uns zu!“

„Nichts“, lächelte Sen.

„Sie tut uns nichts“, bemerkte ebenso ruhig Latah.

Ich sah mich wieder um und bemerkte dabei, dass die Windhose ganz gefährliche Formen angenommen hatte. Es war ein einziger finsterer Trichter, der vom Himmel herunterzukommen schien. Ueberall, wo der Trichter auftrat, wurden dicke Bäume abgebrochen wie Streichhölzer. So gefährlich nahm sich das Ganze aus, dass ich mich erneut nach Sen und Latah im Zelt umsah. Beim fahlen Aufleuchten der Blitze sah ich beide ruhig und lächelnd dasitzen.

„Fürchte nichts", beruhigte mich Sen erneut.

Als ich wieder zum Zelte hinaussah, da war es aber doch um mich geschehen. Nur noch wenige hundert Meter trennten uns von der heranwirbelnden Trichtermasse. Das war ja einfach Wahnsinn, sitzen zu bleiben. Es trieb mich förmlich aus dem Zelt hinaus. Da wurde ich am Arm festgehalten. Es war Latah. Er sah mich fest an und bemerkte freundlich, aber eindringlich:

„Bruder, glaubst du wirklich, wir würden dich nicht gesund zu Meister Z bringen? Bleibe stehen, wo du bist. Es geschieht dir nichts."

Dabei sah er mich fest an.

Das lärmende, nun fast betäubende Geräusch des Tornados drang näher und näher. Ich stand wie gebannt. Latah hielt mich noch immer am Arm. Jetzt, jetzt musste unser Zelt erfasst sein. Merkwürdig, es geschah nichts. Das Dröhnen des Tornados schien sich plötzlich zu entfernen. Zu gleicher Zeit ging ein Wolkenbruch nieder.

Ich setzte mich, etwas beschämt, zu den andern. Merkwürdigerweise waren auch die vier Träger ganz ruhig geblieben, und ich schämte mich meiner Feigheit.

Wieder hatte Sen meine Gedanken erraten:

„Du brauchst dich nicht zu schämen, Bruder! Dein Handeln war nur zu natürlich. Das Unsrige aber auch! Wenn du erst einmal so weit unterrichtet sein wirst, wie wir — Latah und ich — es sind, wirst du genau die Ruhe haben wie wir. Uns kann nichts mehr geschehen, da wir unser ganzes Dasein dem Schöpfer empfehlen. Siehe, unser ganzes Leben, unser ganzes Handeln, unser ganzes Verhalten ist nur ein einziges Gebet insofern, als wir alles Gott anheimstellen. Das macht uns gefeit gegen alle Unbilden des Lebens. Solange wir dergestalt unser Leben auf Gott eingestellt haben — wobei aber immer Gottes, und niemals unser Wille geschehe — kann uns kein Sturm etwas anhaben, kein Blitzstrahl treffen, kein Tier anfallen, kein Jäger und Feind mit seinem Gewehr treffen oder erdolchen. Immer wird zur rechten Zeit etwas eintreten, was uns schützt. Aber nur dann, wenn wir uns freiwillig mit Gott vereinen und vereint fühlen."

„Das wäre ja dann genau dasselbe, wie wir Christen sagen: ‚Leben wir, so leben wir im Herrn; sterben wir, so sterben wir im Herrn usw.'"

„Ganz richtig!"

„Warum haben aber da nicht die meisten Christen die Zuversicht, die Ihr beiden habt?"

„Weil die meisten Christen nicht innerlich erleben, was ihre Lippen heruntermurmeln. Hat nicht auch Christus oft davor gewarnt, nur Worte herunterzusprechen und über Wortbegriffe zu streiten, dafür aber vor allem nach Seiner Lehre zu leben? Warum tut Ihr Christen das so wenig?"

Mir war das interessant, dass Sen Christus so hervorhob. Erneut, ehe ich meine Verwunderung ausgesprochen hatte, erklärte Sen:

„Du wunderst dich über meine Verehrung von Christus. Wir alle, wir Eingeweihten, wir Meister, sehen in Christus Gottes Sohn. Der innere Kern jeder Religion auf der ganzen Welt deckt sich mit der Lehre des Gottessohnes. Wir hier in Indien schreiten nur einen anderen Weg, der für unsere Naturen, für unsere Umgebung für unser Begriffsvermögen einleuchtender und leichter verständlich ist. Wir folgen den Lehren Buddhas und Brahmas, deren Lehren aber im Urgrund die gleichen sind wie die des Gottessohnes. Ihr Christen seid bevorzugt, dass Ihr direkte Botschaften vom Gottessohn erhalten habt und auch begreifen könnt! Doch Ihr missachtet dieses herrlichste Geschenk, das je Menschen zuteil wurde. Wir Eingeweihten aller Religionen — denn der tiefe Kern aller Religionen ist ein und derselbe — haben nur ein religiöses, und zwar gleiches Weltbild, das dem des wirklich wahren Christentums entspricht. Unter uns Eingeweihten gibt es daher nur ein Religionsgebiet, ganz gleich, über welche Religion wir zur Meisterschaft gelangt sein mögen!"

Nach einer Pause des Schweigens, in der ich über das Gehörte nachdachte, bemerkte ich, wie zu mir selbst sprechend:

„Wie kommt es nur, dass gerade die Christen die höchste Lehre, die der Menschheit zuteil wurde, so wenig achten, und Ihr, die Ihr über andere Religionen zur Ur-Religion vorgedrungen seid, diese Ur-Religion als die wahre, wirkliche Lehre Christi festgestellt habt und somit Christus als Gottessohn verehrt, viel inniger, tiefer und aufrichtiger als die meisten Christen?"

„Einer der Hauptgründe", bemerkte aufklärend Sen, „ist der, dass die meisten Christen zu sehr Verstandesmenschen sind. Verstand und Gefühl sind aber nötig zur Erlangung wahrer Weisheit und zum Erfassen tiefer Wahrheiten der Lehre Christi. Ihr christlichen Verstandesmenschen vernachlässigt jedoch zu sehr das Gefühlsleben bei Eurer Religion. Beide müssen gleichermassen mitsprechen: Verstand und Gefühl! Wo das eine ausschliesslich obwaltet, ist das Gleichgewicht der Erkenntnis gestört, und Ihr bekommt ein falsches Bild, etwa so, wie jemand die Welt falsch sieht, wenn er eine Brille auf hat, die nicht für seine Augen passt. — Doch das wird dir mit der Zeit selbst klar werden, was ich hier meine."

„Lasset uns," mischte sich jetzt Latah ins Gespräch, „obgleich es noch früh am Tage ist, doch schon unser Abendmahl einnehmen und dann ruhen; denn morgen haben wir einen sehr, sehr anstrengenden Tag vor uns. Da wir morgen schönes Wetter haben werden, können wir bis weit auf das Hochplateau vordringen, von wo aus erst der eigentlich schwierige Weg beginnt, schwierig deswegen, weil dann die Luft immer dünner wird, was besonders für dich, als nicht berggeübten Europäer, nicht leicht sein dürfte."

Wir folgten dem Rat Latahs und nahmen unser Abendessen ein.

Als wir damit fertig waren, begab ich mich vor das Zelt. Das Gewitter war vorüber, und der Himmel begann sich aufzuklären. Die Sonne stand noch ziemlich hoch am Himmel. Der obere Teil der Plateauwand vor uns war mit Neuschnee bedeckt, der im Sonnenlicht flimmerte und glänzte. Im Tal konnte man an den umgeknickten Bäumen und entwurzelten Sträuchern genau den Pfad sehen, den der Tornado genommen hatte. Etwa zehn Meter vor unserm Zelt hatte er sich plötzlich nach rechts gewandt und musste sich dann aufgelöst haben.

Die Luft war wunderbar erfrischend und ozonreich nach dem Unwetter. Ich stand noch eine Weile vor der Zeltwand und genoss die herrliche Natur und Landschaft. Dann begab ich mich ins Zelt, wo bereits alle andern schliefen. Auch ich legte mich nieder und schlief sofort ein. Es war ein Schlaf, der wunderbar stärkte. Am Morgen wachte ich voller Energie erfrischt und gestärkt auf. Mir war zumute, als ob ich die ganze Welt erobern könnte.

Sen lächelte mir zu, als er meinen Unternehmungsgeist wahrnahm.

Die Sachen waren bald zusammengerafft, das Zelt zusammengeschlagen, und es ging auf die steile Felswand zu. Die Sonne war noch nicht aufgegangen, und es herrschte Dämmerung, die aber wahrnehmen liess, dass am oberen Teil des Felsplateaus noch immer der gestern gefallene Neuschnee lag.

Der Aufstieg war steil und schwierig, aber doch nicht so unmöglich wie ich geglaubt hatte. Die zweifelsohne nicht weniger als 2000 Meter ansteigende Felswand hatte einen schmalen Saumpfad, den ich vorher nicht gesehen hatte. Freilich war der Saumpfad stellenweise sehr schmal und führte an der Felswand mit dem jähen Abgrund an der andern Seite entlang. Einige Male war es mir, als zöge es mich mit Gewalt in die Tiefe hinab, wo ich zerschmettert liegen geblieben wäre. Doch wenn immer ich eine solche Anwandlung hatte, fühlte ich den Blick von Latah und Sen auf mich gerichtet, die dann stehen geblieben waren und zu mir hinblickten. Es war, als ob mich deren Blicke stärkten, denn sofort war der Schwindelanfall verschwunden. Je höher wir anstiegen, desto müder wurde ich trotz des Gefühls der Frische am Morgen. Die Dünne der Luft machte sich bereits bemerkbar, denn wir mussten uns bereits in einer Höhenlage von ungefähr 4000 Metern befinden.

Der Himmel war fast wolkenlos. Kein Lüftchen regte sich, und ich spürte die Wirkung der Sonnenstrahlen auf meiner Haut in starkem Jucken. Es war wohl zwischen 2 und 3 Uhr nachmittags, als wir endlich das Plateau erreichten, das einem schmalen, aber langgestreckten Hochtale glich und mit Gras bewachsen war. Ab und zu gab es auch noch einige Sträucher, die sich in kleinen Felsschluchten wie scheues Wild umeinander gruppiert hatten, gleich als wollten sie sich gegenseitig beschützen. Der Talkessel war ziemlich eben. Es war eine Wohltat, wieder einmal auf solchem Gelände entlang zu gehen, zumal auch nicht viel Geröll herumlag. Ab und zu öffnete sich ein Seitental, aus dem ein Bach herausströmte. Der Hintergrund aller dieser Seitentäler war durch riesige Eiswände des eigentlichen Hochgebirgs-Massivs abgeschlossen. Auch vor uns ragte ein Riesen-Eis- und Schneewall in den blauen Himmel hinein. Die Schneefelder reichten in unser Tal hinab, wo ebenfalls der Schnee, der gestern bei dem Gewitter gefallen war, noch nicht ganz weggeschmolzen war. Da, wo das Tal an der Eis- und Schneewand vor uns endete, schien ein Gletscher in eine Moräne auszulaufen. Jedenfalls sahen wir von einer Bodenwelle aus dort gewaltiges Steingeröll angehäuft. Es schien ziemlich nahe zu sein, doch in dieser Höhe täuschen die Entfernungen. Es dauerte wohl noch über drei Stunden, ehe wir die Gletscher-Moräne erreichten.

Ich war reichlich müde und daher froh, als endlich Latah und Sen das Zeichen zum Haltmachen gaben. Den beiden Männern sah man keine Ermüdung an, auch den Trägern nicht, während ich mich kaum noch auf den Beinen zu halten vermochte. Ich legte mich hin, um etwas auszuruhen. Als ich aufwachte, lag ich im Zelt mit Decken zugedeckt. Rechts und links von mir lagen Latah und Sen. Eine kleine Oellampe brannte, die alles nur schattenhaft wie in einem Geisterreich erkennen liess.

Als ich mich aufrichtete, waren auch Latah und Sen sofort wach.

„Wo bin ich?" fragte ich erstaunt, wobei ich versuchte, mich an das zu erinnern, was ich vor dem Schlafengehen getan hatte. Da fiel mir ein, dass ich mich ermattet hingelegt hatte, um ein bisschen auszuruhen, als wir die Gletscher-Moräne erreicht hatten. Ich musste sofort fest eingeschlafen sein, und meine Freunden hatten mich anscheinend in das inzwischen errichtete Zelt getragen und hier sanft niedergelegt und zugedeckt, ohne dass ich alles das gespürt hatte.

„Hast du Hunger?" fragte mich Sen.

Da ich Hunger hatte, gab er mir etwas zu essen — eine Mehlspeise und Obst.

„Bist du sehr müde?" fragte Latah teilnehmend.

Seltsam, jetzt verspürte ich weiter keine Müdigkeit mehr. Daher verneinte ich, dass ich müde wäre. Im Gegenteil fühlte ich mich recht frisch.

„Trotzdem", bemerkte Latah, „wäre es aber angebracht, wenn du gleich wieder einzuschlafen versuchst, denn morgen müssen wir über den Gletscher hinweg. Wir müssen das morgen fertigbringen, da wir vorläufig nur noch morgen schönes Wetter haben und wir übermorgen, wenn das Wetter dann wieder schlecht wird, in einem der Seitentäler sein müssen, die zu dem Hochtal führen, wo sich die „Stätte" des Meisters Z befindet.

Ich schlief auch bald wieder ein. Am nächsten Morgen brachen wir auf, noch ehe die Sonne ganz aufgegangen war. Es war kalt und der Boden hart gefroren. Schnell war das grosse Zelt abgebrochen; es wurde warmer, wohlschmeckender Tee herumgereicht und wiederum eine Mehlspeise und Obst, und vorwärts ging es in die Gletscher-Moräne hinein.

Diesmal gingen wir ziemlich dicht hintereinander, um uns in dem Felsgewirr nicht zu verlieren. Ausserdem war gerade eine solche Moräne ein beliebtes Aufenhaltsgebiet von Schnee-Tigern und Schnee-Panthern, mit denen nicht zu spassen ist, wenn sie plötzlich aus der Ruhe geschreckt oder versehentlich auf der Jagd gestört werden, denn so leblos wie mir die Gegend erschien, ist sie doch mit allerhand Getier belebt, wie Tigern, Bären, Wölfen, Füchsen, Schneehühnern, einer Art von Murmeltieren, Schneehasen und Wildziegen.

Aber noch aus einem andern Grund wurde ich sorgfältig in die Mitte genommen, wie ich von Sen erfuhr, nämlich wegen der sogenannten Schneemänner des Himalaya. Ich hatte ab und zu schon von solchen in den Tälern Kaschmirs gehört, diese Nachricht aber immer für eine Fabel gehalten. Ich fragte nun Sen darüber, der mir folgenden Aufschluss gab:

„Nein, es handelt sich um keine Fabel. Oben in den höchsten Regionen des Hochgebirges, von etwa 5000 bis 6000 Metern an bis zu den allerhöchsten Gipfeln von über 8000 Metern gibt es eine allerdings nicht sehr zahlreiche Menschenart, die als Schneemänner bezeichnet werden. Sie machen ganz den Eindruck von Vorzeit-Menschen, führen ein überaus primitives Leben, sind über und über behaart und haben Riesenkräfte wie Riesenaffen. Wenn man ihrer ansichtig wird und sie in Ruhe lässt, tun sie einem nichts. Höchstens kommen sie einmal nahe heran, um einen anzusehen und zu bestaunen. Sie sind im Grunde harmlos. Doch ganz anders, wenn sie gereizt werden. Dann kommt es vor, dass sie einzelne Wanderer, aber auch ganze Gruppen von Wanderern in den Hochgebirgstälern nachts überfallen und erwürgen. Erfreulicherweise geschieht das aber nur sehr selten, zumal die Schneemänner sehr scheu sind und man ihrer nur selten ansichtig wird. Sie verstehen es, Wanderern nahezu unsichtbar zu folgen, d. h. sie schleichen lautlos entlang, unter Ausnutzung jedes Felsens im Gelände. Sie sind, wie erwähnt, harmlos, wenn sie in Ruhe gelassen werden, ja sogar hilfreich, wenn man ihnen einen Gefallen getan hat. Infolge ihrer Scheuheit und Zurückgezogenheit ist wenig von ihnen bekannt. Oftmals besuchen sie unsere Studier-Stätten in den Hochgebirgstälern. Wir bewirten sie und sind freundlich zu ihnen. Nach einiger Zeit ziehen sie dann weiter. Sind die Männer schon scheu, so sind es die Frauen noch viel mehr. Den Talbewohnern ist es unverständlich, wie es die Schneemänner fast ganz unbekleidet in den Schneegebieten des Himalaya aushalten können, ohne zu erfrieren. Ebenso unverständlich ist es, von was sie leben. Sie fangen ihre Nahrung, indem sie sie beschleichen. Die Nahrung besteht hauptsächlich in Schneehühnern, Schneehasen usw. Als Waffe haben sie gewöhnlich eine wuchtige Keule, die meistens aus einem Riesenast besteht. Sonstige Waffen sind

Felsstücke. Sie sollen es im Rennen mit den Schneehasen und im Klettern mit den wilden Ziegen des Hochgebirges aufnehmen." (Das Vorhandensein solcher Schneemänner ist übrigens von einigen Himalaya-Expeditionen der letzten Jahrzehnte bestätigt worden. Man fand in bisher noch niemals von Menschen erreichten Höhenlagen von über 8000 Metern Spuren von riesigen nackten Füssen, die manchmal an Klauen von Riesenaffen erinnern konnten.)

Wir waren beim Erzählen weitergegangen. Ab und zu waren die Felspartien von massiven Eisformationen umkleidet. Schliesslich standen wir vor der Eis-Steilwand des Gletschers, der sich wie ein in der Fortbewegung plötzlich festgehaltener Riesen-Eisstrom vor uns auftürmte.

Ich wunderte mich, wie wir mit unserer verhältnismässig primitiven Bekleidung über die Schnee- und Eisfelder des Gletschers würden hinwegkommen können. Aber auch das Problem löste sich sozusagen von selbst. Der Eisstrom des Gletschers war nicht so steil anzusteigen und wies auch fast gar keine Spalten auf. Freilich war das Gehen stark ermüdend und sehr, sehr eintönig. Einmal machte mich Latah auf einen sich bewegenden weissen Punkt aufmerksam. Es war ein Schnee-Panther, der über den Gletscher wechselte und dann auf der andern Seite im Felsgewirr und Schnee verschwand.

Endlich — mir schien es eine Ewigkeit gedauert zu haben — stieg der Gletscher nicht mehr weiter an, und wir hatten ein neues Plateau erreicht, das allerdings ganz unter Schnee vergraben lag. Erfreulicherweise hatte sich der Himmel bedeckt, so dass der Schnee keine Sonnenstrahlen wiederspiegelte und so die Augen entzündete. Wir marschierten über verschiedene nicht allzu hohe Gelände-Erhebungen und kamen immer wieder in ein anderes Talgebiet, von denen eins dem andern glich. Es mochte gegen 4 Uhr nachmittags sein, als es leise zu schneien anfing. Gerade zu dieser Zeit bogen wir links ab, und etwas tiefer unter uns lag ein einsames Steingebäude. Rings darum war merkwürdigerweise der Schnee weggeschmolzen, und auch ein kleiner See streckte sich hin, der nicht gefroren war.

Als ich meinem Erstaunen darüber Ausdruck verlieh, bemerkte Sen, dass der See warmes Wasser führe und daher niemals zufriert. Das Wärmegebiet erstrecke sich um den See herum. Dort, wo das Gebäude steht, sei der Boden auch wie unterirdisch geheizt, so dass wir heute Nacht nicht frieren würden.

Das Steingebäude war für die Gegend, in der es sich befand, sehr komfortabel eingerichtet. Es hatte drei primitiv gezimmerte Tische, mehrere Bänke und mehrere Lagerstätten, über die Decken ausgebreitet lagen. Auch Feuerholz lag schon aufgeschichtet bereit.

Ich wunderte mich darüber. Latah belehrte mich:

„Wir sind jetzt bereits im Fürsorge-Bereich der ‚Stätte' des Meisters Z. Plätze wie diese gibt es mehr in Seiten-Hochgebirgstälern. Sie werden in Ordnung gehalten von der ‚Stätte' aus. Doch du wirst noch mehr darüber erfahren." Wir machten es uns bequem. Jedenfalls tat ich es; denn jetzt spürte ich erst, wie müde und abgespannt ich war. Merkwürdigerweise hatte mir bis jetzt die Höhenlage nichts weiter getan. Doch nun, als ich mich ausruhte, war ich wie völlig erschöpft. Mir schien jede Energie zu fehlen. Am liebsten wäre ich überhaupt nicht mehr aufgestanden. Es überkam mich eine entsetzliche Müdigkeit, der ich nicht zu widerstehen vermochte.

Als ich aufwachte, erfuhr ich, dass ich einen ganzen Tag durchgeschlafen hatte und es bereits der zweite Tag nach unserer Ankunft hier oben war. Merkwürdigerweise war ich schnell ganz munter und fühlte mich gewaltig erfrischt und gestärkt, so dass ich glaubte, ich könnte irgendetwas unternehmen. Ich gähnte und streckte mich und sprang energisch auf, um aber schnell wieder zurückzutaumeln. Ich hatte vergessen, dass wir uns zwischen 6000 und 7000 Meter Höhe, also so ungefähr zwischen 18,000 und 21,000 Fuss hoch, befanden.

Ich sah nur Sen in der Hütte. Er war zu mir getreten und fragte mich, wie mir zumute sei.

„Ganz gut. Soeben dachte ich, ich könnte Bäume ausreissen; doch als ich mich erhob, taumelte ich zurück."

„Das ist die Höhenluft", beruhigte Sen. „Dass du so frisch und gestärkt erwacht bist, ist darauf zurückzuführen, dass Meister Z dich fernbehandelt und im Schlafe magnetisiert und dir damit neue Vitalität verschafft hat. Auf seinen Rat werden wir aber — nämlich du und ich — hier etwa ein bis zwei Wochen bleiben, bis du dich der Höhenlage angepasst hast. Denn die Stätte des Meisters Z ist noch nahezu 4000 Fuss höher gelegen. Du würdest es in der dortigen Höhenlage nicht aushalten können, wenn du dich nicht erst an diese Höhenlage gewöhnt hast."

Ich erwiderte nichts darauf. Ich hatte das Empfinden, in Sens

Fürsorge gut aufgehoben zu sein, und beschloss, alles weitere ihm zu überlassen.

Wir blieben so wohl eine Woche, die ich damit verbrachte, dass ich ab und zu draussen spazieren ging, wenn es das Wetter erlaubte. Wenn es schneite und stürmte, ruhte ich meistens. Seltsamerweise konnte ich immer gleich einschlafen, sobald ich mich hinlegte, ganz gleich, ob es am Tage oder nachts war. Ich nahm wahr, dass mich von Tag zu Tag eine frohere und heiterere Stimmung überkam. Mir war wirklich wohl zumute. Ich fühlte mich innerlich glücklich und über alle Massen seelisch zufrieden.

Sen beobachtete mich und nahm diese innere Wandlung an mir, wie es schien, mit grosser Genugtuung wahr. Mir kam es oftmals vor, als ob mir von irgendeiner Seite Lebenskräfte zuflossen, etwa so, als ob ich von irgendwoher mit Vitalität geladen würde.

Auf meine diesbezügliche Frage klärte mich Sen auf:

„Deine Beobachtung ist richtig. Meister Z. magnetisiert dich ständig im Schlafe."

„Da muss er aber viel freie Zeit übrig haben", bemerkte ich, fast etwas spöttisch, was ich aber im selben Augenblick, als ich es gesagt hatte, fast bereute.

Sen lächelte nur:

„Mache dir darüber nur keine Sorgen. Uebrigens geht das Magnetisieren ganz anders vor sich als du dir das denkst. Um dich zu magnetisieren, braucht Meister Z nicht ständig an dich zu denken. Er hat dich bereits als einen der Unsrigen in sein Herz geschlossen und sich vorgenommen, dass du ständig im Bereich seiner magnetischen Ausstrahlungen bist, wann immer du ruhst oder gerade fähig bist, diese Ausstrahlungen in dich aufzunehmen."

„Ich kann mir nicht vorstellen, wie das geschieht! Ich habe doch schliesslich auch meinen freien Willen und brauche mich nicht hypnotisieren zu lassen!"

„Das ist kein Hypnotisieren, und du behältst deinen freien Willen. Aber sage mal, warum bist du uns denn hier herauf gefolgt?"

„Weil ich mich der Stätte von Meister Z anschliessen will."

„Gut! Ist das dein freier Wille?"

„Ja."

„Dann ist also deine Geneigtheit dein freier Wille, und Meister

Z braucht dich doch nicht erst zu hypnotisieren. Ausserdem merke dir, dass wir niemals jemanden hypnotisieren. Hypnose ist für uns nur ein Studiengebiet zum Beweise der ungeheuren Kräfte der menschlichen Seele und des menschlichen Geistes darin, aber niemals irgendein Mittel zu irgendeinem Zweck. Vergiss nicht: Das alleroberste Gesetz jedes okkulten Forschens, jedes Eindringens in Mystik, jedes Eindringens in Gottes-Erkenntnis lautet: Freier Wille! Wir massen uns niemals an, jemanden zu ‚zwingen', wenn das nicht einmal Gott, das allerhöchste denkbare Wesen, tut, für den das eine Kleinigkeit wäre, nur einfach ein Gedanke zu sein brauchte, und das Zwingen wäre geschehen!"

„Und doch kann ich nicht verstehen," erwiderte ich, „wie ich ständig der magnetischen Ausstrahlung von Meister Z teilhaftig werden kann, wenn er dabei nicht an mich denkt?"

„Ich werde es dir an einem Beispiel erklären. Wenn ein Parlament ein Gesetz annimmt, so tritt dieses automatisch durch die ausführenden Organe der Polizei und der Gerichte sofort in Kraft, wenn Verhältnisse gestört oder übertreten werden, zu derem Schutze das Gesetz vom Parlament erlassen wurde. Geschieht irgendwo ein Mord, so tritt die Polizei und später das Gerichtswesen in Aktion, ohne dass es erst notwendig wäre, dass sich das Parlament mit dem betreffenden Fall noch besonders zu beschäftigen hätte. Nun, so ist es bei unserm Meister Z. Du bist das Parlament, das beschlossen hat, sich von Meister Z unterrichten zu lassen. Du hast damit eine Bereitschaft deines freien Willens geschaffen, die automatisch stets vorhanden bleibt, solange du die Absicht weiter hegst, von Meister Z belehrt und unterrichtet zu werden. Meister Z ist sozusagen das ausführende Organ deines freien Willens — die Polizei und das Gericht in dem Vergleichs-Beispiel —, das automatisch in Kraft tritt, sobald du geneigt, beziehungsweise in der Fassung bist, für Belehrung, die dir dein freier Wille diktiert hat, empfänglich zu sein. Die Empfänglichkeit ist also bei dir ständig vorhanden, solange dein freier Wille damit einverstanden ist, belehrt zu werden. Und die Ausstrahlungen des Meisters Z sind ebenfalls so lange ständig vorhanden wie deine Bereitschaft besteht, genau so wie jede Polizei- und Gerichts-Behörde sofort in Aktion tritt, wenn es erforderlich ist. Ist es dir klarer geworden?"

„Ja", erwiderte ich etwas zögernd, denn klar war mir das Mitgeteilte doch noch nicht ganz.

„Nun, dann ein anderes Beispiel", nahm Sen seine Belehrung wieder auf. „Du weisst, dass Gott die ganze Schöpfung erschaffen hat und erhält durch seinen Willen, sie bestehen zu lassen, weil ‚sie gut ausgefallen ist', wie Gott das am siebenten Tage, als er ruhte, selbst feststellte. Dieser siebente Tag der Schöpfung besteht immer noch. Gott ‚ruht' also noch, d. h. sein Wille, der die Schöpfung hat in Erscheinung treten lassen, dauert noch an. Damit ist doch aber nicht nötig, dass Gott sich nun persönlich um das Befinden eines jeden Käferchens zu kümmern braucht, denn er hat die Lebensbahnen aller Wesen durch Gesetzmässigkeiten festgelegt, die durch seinen Willen einfach weiter bestehen. Nur den Menschen hat er nicht in zu enge Gesetzmässigkeiten gekettet, weil dieser eine bewusste Seele und einen bewussten Geist hat. Für seelische und geistige Regungen des Menschen hat der Schöpfer die Gesetzmässigkeiten so gestaltet, dass sie vom Menschen selbst ausgewählt werden können durch seine ‚freie Entscheidung', durch seinen ‚freien Willen'. So ist es auch bei dir. Du kannst noch heute wieder umkehren, wenn du willst. Weder ich, noch Latah, noch Meister Z sind dir deswegen böse, sondern nur traurig, weil du dich entschieden hättest, nicht deine Bahn der Weiterentwicklung fortzusetzen. Aber zwingen, dazu würde dich keiner von uns. Ein solcher Zwang könnte nur von Gott selbst vorgenommen werden, und auch er würde dich nur zu lenken versuchen und nicht zwingen. Siehe, wie die höchsten Potenzen in der Schöpfung, ja, der Schöpfer selbst, generös in ihrer helfenden Führung sind! Was glaubst du wohl, was der Schöpfer und wir von jemandem auf Erden halten, der sich Macht angeeignet hat, um Tausende, ja, Millionen von Menschen, ausgesucht nach seiner engbegrenzten Anschauung zu lenken und zu leiten? So etwas gibt es in den Kreisen von uns Eingeweihten niemals. Würden wir es tun, im Augenblick würde Gott uns verlassen, d. h. wir würden ausser ihm sein und damit unsere Macht verlieren. Vergiss bitte niemals, selbst der höchste Eingeweihte und Meister kann aus eigener Machtvollkommenheit nichts. Er kann nur alles Grosse und Wunderbare verrichten durch Einssein mit Gott. Also Gott selbst wirkt sozusagen durch ihn. Die höchste Beglückung eines Meisters ist es daher, lediglich das Instrument Gottes sein zu dürfen. Gott ist und bleibt auch für uns das Allerhöchste, das Allervollkommenste, weil Gott eben das Ein und Alles der ganzen Weltschöpfung ist."

Ich war zufriedengestellt und legte mich auf mein Lager zurück.

Die Tür stand auf und mein Blick fiel hinaus auf die Felshänge, die tief unter Schnee vergraben lagen. Um die Steilgipfel zogen langsam weisse Wolkenschwaden und verdeckten ab und zu das weisslich schimmernde Azurblau des Himmelsgewölbes. Es herrschte eine himmlische Ruhe um mich. Meine Gedanken schweiften umher. Dabei fielen mir auf einmal Latah und die vier Träger ein. Ich erkundigte mich nach diesen bei Sen und erfuhr, dass sie weitergezogen wären und jetzt an der Stätte des Meisters Z seien, die von hier noch gut zwei Tagereisen entfernt läge.

Als wir ungefähr eine Woche in dem Steinhause gewohnt hatten — Sen hatte für Speise und Trank gesorgt, was beides hier irgendwo im Hause vorrätig gewesen sein musste — stellte sich eines Morgens Latah wieder ein in Begleitung eines anderen Europäers, der sofort auf mich zukam und mir die Hand freundlich schüttelte. Er stellte sich vor als Bruder Gustav, gebürtig aus — Deutschland!

Ich drückte ihm freudig die Hand und antwortete ihm sofort auf deutsch:

„Das ist aber eine Ueberraschung. Wo kommen Sie denn her?"

„Vor allem", antwortete Bruder Gustav lächelnd, „kein ‚Sie', sondern nur ‚du'. Und wie soll ich dich anreden?"

„Nenne ihn Bruder Amo", mischte sich da schnell Sen ein.

„Erlaube mal, lieber Sen," entgegnete ich lächelnd, „hast du vergessen, was du mir über den freien Willen selbst erzählt hast. Und jetzt bestimmst du einfach meinen Namen! Wie reimt sich das wohl mit dem freien Willen zusammen?"

„Verzeihe, lieber Bruder Amo", entgegnete, sich bescheiden verbeugend, Sen.

„Doch willst du mir mal sagen, wer dir deinen eigentlichen Namen gegeben hat?"

„Meine Eltern natürlich?"

„Warum hast du da nicht protestiert auf Grund deines freien Willens?"

„Weil ich das nicht konnte, da ich noch im Steckkissen lag."

„Sehr richtig", lächelte Sen. „Nun sieh, lieber Bruder Amo, in einem solchen Steckkissen bist du jetzt noch drinnen bezüglich der Erringung der Meisterschaft. Da musst du es dir schon gefallen lassen, dass wir dich geistiges Steckkissen- Baby mit einem Namen belegen, der in unsern Kreis hineinpasst. Was sagt nun dein freier Wille dazu?"

Ich erklärte mich lächelnd damit einverstanden.

Bruder Gustav erzählte mir dann, dass er als Seemann in einem indischen Hafen vom Schiff fortgelaufen sei und nach vielen Wanderungen und allerlei Erlebnissen mit einem „Chela" — Schüler eines Meisters — zusammengetroffen sei, der ihm erzählte, dass sein Eintreffen kein Zufall sei, sondern dass er, Bruder Gustav, reif wäre, „geistig zu erwachen". Er, Bruder Gustav, weile nun bereits drei Jahre an der Stätte von Meister Z und habe schon drei Initiierungen — geistige Examina — abgelegt. Doch noch weitere vier Jahre habe er zu lernen, ehe er sein Endexamen ablege und dann die Meisterschaft errungen hätte.

„Wie es scheint, gibt es einen ziemlich starken deutschen Einschlag unter den Eingeweihten", bemerkte ich Bruder Gustav gegenüber, als dieser mir seinen Zusammenhang mit der Stätte des Meisters Z erläutert hatte.

„Ja," bestätigte Bruder Gustav, „aber nicht nur Deutsche sind dort anzutreffen, sondern auch Vertreter anderer Nationalitäten. In der Stätte von Meister Z sind wohl aber die meisten Meisterschafts-Schüler deutscher Abstammung, weil ja bekanntlich Meister Z selbst deutscher Abstammung ist. Es befinden sich jedoch auch dort einige Engländer, mehrere Russen, Franzosen, Spanier, Italiener, Südamerikaner, Chinesen und Inder. Da es dort aber keinerlei Glaubens- oder Rassenunterschiede gibt und alle sich nur als Brüder kennen, so fällt einem nach einiger Zeit der internationaleCharakter der Menschen an der Stätte des Meisters Z überhaupt nicht mehr auf. Man fühlt sich nur als Mensch unter Menschen. Jeder ist freundlich und hilfsbereit. Jeder will lernen und Gott dienen."

Es überkam mich eine gewaltige Sehnsucht nach dieser Stätte, und ich fragte, wann wir nach dorthin aufbrechen würden.

„Wir müssen noch zwei Tage warten," bemerkte Latah, „da heute Nacht ein starker Schneesturm losbrechen wird, der zwar Sen und mir nichts anhaben könnte, vielleicht auch nicht mehr Bruder Gustav, doch den du bestimmt nicht überleben würdest. Du hast keine Ahnung, was Stürme hier oben in dieser Höhe, sozusagen auf dem ‚Dach der Welt', bedeuten. Du würdest entweder vom Felsgrat herabgeweht werden oder du würdest erfrieren, ohne dass wir es verhindern könnten."

„Könnte Meister Z das nicht verhindern?" fragte ich lauernd.

„Oh ja, schliesslich könnten das auch Sen und ich, doch es ist ein ehernes Gesetz beim Studium der göttlichen Weisheit, stets mit der Natur und ihren Gesetzen zu arbeiten und nicht unnötig von seinen sozusagen übernatürlichen Kräften Gebrauch zu machen. Deswegen werden wir zwei Tage warten, bis das Unwetter vorübergezogen ist."

„Woher weisst du denn immer, wann schlechtes und gutes Wetter eintritt?" fragte ich neugierig.

„Das ist eine Frage, auf die du die Antwort allein finden wirst, sobald du erst mal lange genug hier oben sein wirst. Teils fühlen wir es, teils tritt das in unser Bewusstsein als ein ‚So-ist-es-eben', teils ist alles das bedingt durch unser langes Weilen hier oben und ein vielleicht unbewusstes Verwobensein mit den hiesigen Verhältnissen. Manchmal sind es auch die hiesigen Naturgeister, deren Mitteilungen wir als Ermahnungen und Eingebung fühlen und empfinden. Doch warte, du wirst schon in zwei Jahren die richtige Antwort für dich selbst finden, und wenn du sie hast, dann wirst du auch nur, wie wir jetzt, eine Erklärung stammeln können. Wir wissen eben einfach: ‚Es kann gar nicht anders sein!' als dass es für die nächsten zwei Tage stürmisch und eisig kalt mit viel Schnee sein wird. Wir ‚wissen' es; das genügt uns. Dass uns dieses ‚Wissen' auf ‚natürliche Weise' zuteil geworden ist, wissen wir auch. Das alles genügt uns!"

Am nächsten Tage schneite es so stark, dass man kaum fünf Schritte weit zu sehen vermochte. Dabei heulte der Sturm mit einer wahren Wut um die Steinhütte herum. Einige Male blitzte es auch, und der Donner rollte; doch das alles störte niemanden in unserer Behausung.

Sen und Latah sassen ruhig nebeneinander, wobei Sen auf das Feuer im Kamin achtete, während Latah vor sich hin in die Ferne blickte. Bruder Gustav hatte ein Buch vor sich liegen, in dem er las. Da alle stumm und für sich waren, hielt ich es für das Beste, mich bald nach dem Essen hinzulegen. Ich war auch plötzlich müde geworden.

Da war es mir — natürlich war ich mir nicht bewusst, dass ich eingeschlafen war —, als ob Meister Z plötzlich vor mir stand. Er sah verklärt aus und war wie von einer Lichtflut umflossen. Er sah so freundlich und lieb auf mich, dass ich die von ihm ausgehende Sympathie wie einen warmen Strom mich durchfluten fühlte.

„Ich bin gekommen, Bruder Amo," so sprach er mich an, „um mit dir etwas zu plaudern und dir einige Aufschlüsse zuteil werden werden zu lassen. Wie ich dir schon sagte, waren wir einst eng verbunden miteinander auf einem andern Planeten. Damals studierten wir zusammen; doch du setztest das Studium nicht fort, verheiratetest dich und lebtest dann bis zu deinem Tode auf dem Planeten im Kreise deiner Familie. Wir wussten damals, dass auf einem andern Planeten, nämlich auf dieser Erde hier, Gott selbst Mensch geworden war. Wir hatten auch gehört, wie es ihm hier auf Erden ergangen war. Erinnerst du dich noch, wie wir beide gelobten, wenn wir einst die Gnade haben sollten, uns auf dieser Erde zu verkörpern, wir dann alles tun würden, um zu helfen, das Werk Gottes hier zu fördern? Erinnerst du dich noch daran?"

Meister Z schwieg. In mir ging alles durcheinander. Die Worte von Meister Z. standen vor mir wie auf eine Tafel geschrieben. Ich wiederholte sie immer und immer wieder, vor mich hinmurmelnd. Manchmal war es mir, als sähe ich eine seltsame Landschaft und mich darinnen zusammen mit Meister Z, der aber anders aussah als jetzt. Dann schien sich wieder ein Nebel vor diese Erinnerung zu schieben. Kurz, es war mir, als ob ich vor mir eine Reihe ständig wechselnder Bilder hätte, etwa wie wir es jetzt beim Film haben. Dann schwand mein Bewusstsein, und ich fiel anscheinend in tiefen und traumlosen Schlaf. Als ich aufwachte, war jedermann in dem Steinhause beschäftigt, teils mit Holzspalten, teils mit Zubereiten von Essen, teils mit Packen.

Ich fragte, was denn auf einmal los sei.

„Wir packen unsere Sachen, denn in etwa zwei Stunden brechen wir auf."

„Ich denke, wir reisen erst in zwei Tagen?"

„Die zwei Tage sind vorüber."

„Was, habe ich so lange geschlafen?"

„Ja, du schliefst so fest und hattest ein so glückliches und zufriedenes Lächeln auf deinem Antlitz, dass wir dich nicht stören wollten. Dieser Schlaf wird dir übrigens sehr gut getan und dich tüchtig gestärkt haben.“

Beim Essen erzählte ich mein seltsames Traum-Erlebnis.

„Das war kein Traum“, belehrte mich Sen. „Meister Z muss wirklich bei dir gewesen sein und versuchte, in dir die Erinnerung an dein früheres Leben wachzurufen, was ihm jedoch noch nicht gelungen ist, ihm aber später bestimmt gelingen wird. Du bist noch nicht entwickelt genug.“

Inzwischen war es draussen ziemlich hell geworden. Es war eisig kalt. Der abnehmende Mond stand, sich scharf abhebend, wie angeheftet am windstillen und wolkenlosen Himmel. Die tief verschneiten und vereisten Hochgipfel waren rosafarben übergossen. Es war eine fast heilig zu nennende Stimmung über diese einzigartige Hochgebirgs-Landschaft ausgebreitet. Man spürte das Seltsame dieser Landschaft fast körperlich in einem unirdisch anmutenden Gehobensein.

Ich fürchtete, wir würden durch den tiefen Schnee nicht fortkommen, doch merkwürdigerweise lag gar nicht so tiefer Schnee. Ich war sehr verwundert darüber.

Sen belehrte mich sofort: „Der meiste Schnee ist vom Sturm wieder weggeweht worden. Unser Weg geht an Hängen entlang, die meistens dem Sturm ausgesetzt waren und, abgesehen von ein paar Stellen, nahezu schneefrei sein mögen. Sobald übrigens die Sonne höher ist, wird sie trotz der Kälte dort, wo der Schnee nicht tief liegt, selbst die Schneereste forttauen.“

Und so war es. Im blendenden Sonnenschein — merkwürdigerweise schmerzten aber meine Augen nicht im geringsten vom Wiederstrahlen des Sonnenlichts auf dem Schnee, obgleich ich keine Schneebrille auf hatte — ging es immer an bald steilen, bald weniger steilen Abhängen entlang. Wie mir schien, befanden wir uns auf einem Hochgebirgs-Plateau, und wir überschritten Pässe und Einsattelungen von Gebirgszügen, die kreuz und quer über unsern Weg liefen. Es gab dabei keine Aussicht ins Tal. Wahrscheinlich war diese uns durch Berggipfel versperrt. Nur einmal machten mich Sen and Latah auf eine solche Fernsicht aufmerksam. Mitten zwischen zwei Berggipfeln hindurch sah man weit draussen verschwommen im scheinbaren Dunst und Nebel eine weite Fläche tief unten ausgebreitet. Alles war aber zu weit entfernt, um irgendetwas unterscheiden oder besonders wahrnehmen zu können.

Gegen Sonnenuntergang erreichten wir in einer Hochgebirgsmulde ein anderes Steinhaus. Dort machten wir es uns bequem.

„Du hast den Marsch gut ausgehalten", lobte mich Bruder Gustav.

„Ja, ich wundere mich selbst. Habe weder Beschwerden in meinem verwundeten Bein, noch bin ich besonders müde oder habe irgendwelche Beschwerden infolge der dünnen Luft."

„Freut mich. Du hast dich schnell akklimatisiert. Doch morgen kommt eine zwar nicht weite, aber recht gefährliche Gebirgstour. Lege dich deswegen bald nieder."

Ich tat das und schlief auch gleich ein.

Frisch und gestärkt wachte ich auf. Meine Begleiter waren bereits mit Packen beschäftigt. Als wir unser einfaches Mahl zu uns genommen hatten, ging es weiter, doch diesmal aneinandergeseilt. Ich wurde in die Mitte genommen. Vor mir befand sich Bruder Gustav und vor diesem Latah, während hinter mir Sen den Zug abschloss.

Latah ging diesmal gerade aufwärts auf einen der Gipfel zu, dessen Höhe in dieser Höhenlage nicht abzuschätzen war, da alle Entfernungen täuschten. Ich nahm an, dass er sich vielleicht 300 bis 500 Meter über unserer Steinhütte befand. Wir brauchten aber fünf Stunden, ehe wir oben waren. Der Gipfel war von der Talsohle des Hochtales noch etwas über 1000 Meter hoch.

Von dort öffnete sich nun aber eine ganz phantastische Hochgebirgs-Landschaft. Wild zerrissen stiegen Gipfel neben Gipfel an. Dazwischen lagen tiefe Einschnitte. Alles war tief verschneit, während sich wieder langsam Wolken formten. Nach Süden zu gab es einen Fernblick in eine weite Ebene, die unter Dunst geradezu vergraben zu sein schien.

„Hier oben sind wir über 7500 Meter hoch. Spürst du nichts?" bemerkte und fragte mich Bruder Gustav.

Und ob ich etwas spürte! Schon seit einiger Zeit hatte ich gegen eine Ohnmacht anzukämpfen.

Latah gab mir eine Frucht zu essen und Sen frisches Wasser zutrinken.

Der Anfall ging bald vorüber, doch begann ich trotz Sonnenschein zu frieren.

„Berg-Krankheit“, hörte ich Bruder Gustav Latah zuflüstern, wozu dieser bejahend mit dem Kopf nickte.

„Nun ist es nicht mehr weit“, ermunterte mich Latah. „In einer Stunde sind wir da.“

Ich war zu benommen, um weiter auf die Landschaft zu achten. Ich wurde durch die Seile mehr gezogen und getragen als dass ich ging. Nun sah ich, wie Latah stehen blieb und erst auf Bruder Gustav und dann auf mich und Sen wartete.

Wir befanden uns jetzt alle am Abhang einer schier unergründlich tiefen Schlucht von Tausenden von Metern. Rings um uns steile Grade und Berggipfel. Das Seil wurde jetzt verkürzt und wir vier damit näher zueinander gebracht. Latah, immer noch an der Spitze des Zuges, drehte sich nach rechts, umschritt eine Felswand und befand sich vor einer Hängebrücke über einen andern Abgrund.

Ich schrak zurück.

„Da müssen wir hinüber?“ fragte ich beklommen.

Stummes Nicken meiner Begleiter brachte mich zur Besinnung.

Mir graute! Doch ich nahm mich zusammen! Plötzlich fühlte ich mich gestärkt und in mir die Zuversicht: Was kann mir schliesslich geschehen? Meister Z will mich haben, und er wird schon dafür sorgen, dass ich hinüberkomme.

Ich nickte meinen Begleitern entschlossen zu.

Latah betrat die Hängebrücke, die nur ein Seilgeländer hatte. Ihm folgte Bruder Gustav. Dann folgte ich, und Sen machte den Abschluss. Anfangs sah ich nicht in die grausige Tiefe, da die Hängebrücke schwankte; doch als ich mich daran gewöhnt hatte, sah ich nach unten.

Da überkam mich Schwindel. Ich breitete die Arme aus und fühlte mich schon hinunterstürzen, als ich zur gleichen Zeit aber spürte, wie sich das Seil vorn und hinten anspannte und ich so in Balance gehalten wurde.

„Nicht hinuntersehen“, mahnte Sen hinter mir. „Immer nur geradeaus sehen!“

Und wir kamen glücklich hinüber.

* * *

AN DER STAETTE DES MEISTERS Z

Nun eine kurze Strecke am Felsen entlang, dann um mehrere Felswände und vielleicht nur 400 bis 500 Meter unter uns lag in einem schneelosen Talkessel ein ganzer Gebäude-Komplex. Jedes Gebäude schien sich in die Felsen selbst hinein fortzusetzen.

Wir blieben stehen. Ich war erstaunt.

„Das ist die Stätte von Meister Z", klärte mich Sen auf. „Hier wirst du nun deinen ersten Unterricht erhalten."

„Ja, da unten ist es aber wie im Frühling!" verwunderte ich mich.

„Das Tal ist vulkanischer Natur und hat mehrere warme Quellen", klärte mich Sen auf.

„Aber, wie konnte all das Baumaterial hier heraufgeschafft werden? Musste das alles über diese Hängebrücke transportiert werden?"

„Nur teilweise, denn teilweise wurde das Baumaterial aus dem Felsstein des Tales gewonnen. Doch das wird dir später alles klarer werden."

Damit begannen wir den Abstieg ins Tal.

Das Tal schien wie ausgestorben. Wir bekamen niemanden zu Gesicht.

Unten angelangt, betraten wir durch eine breite Tür das Hauptgebäude. Noch immer war uns niemand begegnet. Inzwischen waren Latah und Bruder Gustav stillschweigend in Seitengängen verschwunden, und Sen war mein alleiniger Begleiter. Es ging mehrere weitere Gänge entlang. Dann hielt Sen vor einer Tür, verweilte davor eine Weile im Schweigen und öffnete sie darauf entschlossen, als ob er dazu eine für mich unwahrnehmbare Aufforderung erhalten hätte.

Wir befanden uns in einem ganz einfach ausgestatteten Zimmer, das nur drei Stühle, einen Tisch, aber zahlreiche Regale und Bücherschränke enthielt, die mit Büchern und Papierrollen angefüllt waren.

Meister Z trat mir freudig-lächelnd entgegen. Als ich ihm meine Hand bot, zog er mich an sich mit den Worten:

„Willkommen, willkommen, Bruder Amo, lange genug habe ich auf dich warten müssen!"

Nachdem die erste Begrüssung vorüber war, nötigte mich Meister Z, Platz zu nehmen. Ich setzte mich ihm gegenüber. Aus seinen Augen, seinen Gesichtszügen wie überhaupt aus seinem ganzen Wesen strahlte mir förmlich eine aufrichtige Freude entgegen, mich bei sich zu haben.

„Um meine Freude zu verstehen, lieber Bruder Amo," bemerkte schliesslich aufklärend mein Gegenüber, „darfst du nicht vergessen, dass sich mein Wissen von dir über Zeitbegriffe erstreckt, die dir noch völlig unverständlich sind. Das wird dir mit der Zeit alles selbst klarer zu Bewusstsein kommen. Vorläufig möchte ich nur wiederholen, was ich dir schon sagte, als ich dich auf deiner Reise während deines magnetischen Schlafes besuchte. Die Erinnerung an dieses unser Zusammensein und Zusammenforschen auf dem andern Planeten wird dir im Laufe der nächsten Jahre von allein klarer und klarer werden. Und dann wirst du sehr schnelle Fortschritte in deiner Fortentwicklung machen können."

„Du spricht immer von Weiterentwicklung. Du musst mich entschuldigen, aber als Europäer, als Okzidentale, besonders noch als grüblerischer Deutscher, möchte ich erstmal über etwas grundlegende Klarheit haben, was, wie ich glaube, mich hindert, schnellere seelische und geistige Fortschritte zu machen. Es ist mir nämlich immer, als ob mich etwas hemmt, und dieses Hemmnis ist ein bestimmtes Nichtwissen!"

„Was ist es, Bruder Amo, sprich nur ruhig darüber zu mir. Vielleicht kann ich dir Aufschluss geben."

„Nun, ihr sogenannten heiligen Männer habt ein Leben eingeschlagen, das euch in der Entwicklung eurer Seele und damit in der Möglichkeit, dass sich euer Geist immer klarer auszudrücken und zu äussern vermag, bis er ganz Besitz von eurer Seele nimmt, der andern Menschheit weit vorausbringt. Ich weiss, ein solcher Fortschritt ist mit Opfern vieler Vergnügungen und Abwechslungen verknüpft, deren sich die allgemeine Menschheit, die nicht so schnelle Fortschritte macht, hingibt. Müssen nun alle andern Menschen ebenfalls euren Weg beschreiten, um zur Seligkeit und zur Erlösung zu gelangen? Wenn so, dann bleibt die Allgemein-Menschheit aber doch ganz gewaltig hinter euch zurück und kann euren Vorsprung ja kaum je noch wieder einholen. Unter der Allgemein-Menschheit befinden sich aber auch Tausende und Abertausende, die gern euren Weg beschreiten würden, jedoch keine Gelegenheit dazu finden. Warum sind diese nun hintenan gesetzt? Oder gibt es für diese eine andere Möglichkeit, das von euch schon Errungene und von ihnen infolge mangelnder Gelegenheit Versäumte später nachholen zu können?"

Meister Z lächelte, klopfte mir vertraulich auf die Schulter und erwiderte:

„Lieber Bruder Amo, deine Frage ist echt typisch grüblerisch deutsch, aber vollauf verständlich. Eine ausführliche Antwort kann ich dir jetzt noch nicht geben, da uns das in eine stunden-, ja vielleicht tagelange Diskussion verwickeln würde, zumal ich dir dabei in wenigen Stunden soviel zu erläutern hätte, dass es dich gänzlich verwirren würde. Ausserdem wird dir das im Lauf deiner weiteren Studien hier allmählich ganz von allein klar zu Bewusstsein kommen und du wirst die Antwort auf einzelne Unverständlichkeiten von allein finden. Aber die Hauptfragen will ich dir doch jetzt schon kurz beantworten. Den Weg, den wir sogenannten heiligen Männer — übrigens nennen wir selbst uns niemals ‚heilig', sondern die Eingeborenen sind es, die uns so nennen gegen unsern Wunsch und Willen — zu unserm Fortschritt einschlagen, ist einer der unzählig vielen Wege, die zum herrlichen Endziel der menschlichen Entwicklung führen. Das ist und braucht aber nicht der Weg für alle zu sein. Im Streben nach der Vollendung gibt es ebenso viele Wege, wie es nach Ausspruch des Heilandes, ‚Wohnungen in Seines Vaters Hause' gibt. Der Heiland hat das beste Durchschnittsmittel der suchenden und strebenden Menschheit gegeben: ‚Liebet einander und liebet Gott als euren Vater'. Wer das tut, der vermeidet ganz von allein unzählige Fallstricke und Gefahren, die seinen Fortschritt hemmen. Der Weg des Heilandes ist der sicherste und einfachste. Doch die Menschheit besteht aus unzähligen verschiedenartigen Individualitäten, die infolge Hindurchgehens und Hindurchwachsens durch die verschiedensten Schnittpunkte der seelischen und geistigen Evolution ebenso verschiedenartig geworden sind. Man kann bei den Menschen im grossen und ganzen sieben Grundoktaven individueller Einstellung und Auffassung feststellen, genau wie es sieben Grundtöne und sieben Grundfarben gibt. Jede der sieben individuellen Charakter-Grundoktaven kann irgendeinen der vielen Entwicklungswege gehen, doch wird dabei jeder immer wieder etwas anders sein. Daher ist keiner der Wege besser als der andere, sondern jeder entspricht intuitiv der individuellen Charakteristik. Deswegen haben wir sogenannten heiligen Männer durchaus nichts vor jenen schlichten Menschen voraus, die vielleicht plötzlich in einem sogenannten Revival Meeting den Geist Gottes über sich kommen spüren, Ihn von da ab in sich bewusst erhalten können und damit auf einmal ganz andere, fast verklärte Menschen werden. Unser Weg dagegen ist ein anderer, mühsamerer, der eben für uns, die wir uns hier zusammengeführt fühlen, der richtige zu sein scheint. Deswegen sind wir aber nicht ein Jota besser oder bevorzugter als der schlichte Mensch, der seinen Gott herzinniglich liebt und nach Dessen Geboten lebt."

„Hm, ich ‚spüre' die Wahrheit deiner Worte! Ich ‚fühle', dass ich nicht jene unendliche Klarheit der Majestät und Pracht des Allmächtigen empfinden könnte durch das Erlebnis des schlichten Lebens des von dir, lieber Meister Z, angeführten verklärten Menschen. Du hast recht: meinem Temperament, meiner Einstellung sagt mehr jener Weg zu, den ihr hier beschritten habt."

„Es freut mich, dass dir das klar ist! Doch noch etwas anderes muss dir gleich von Anbeginn deines Weilens hier klar werden. Wir sind infolge unseres harten Weges, den wir zu unserer Entwicklung und Vollendung einschlagen, um kein Atomchen mehr als der schlichte, fromme Mann oder der sündigste Mensch, der trostloseste Trinker, der grösste Verbrecher. Bei jedem kann noch die Wandlung kommen, und er mag uns dann noch weit, weit überflügeln trotz unseres schweren und manchmal trostlos erscheinenden Forschens und Suchens. Wir finden eben darinnen unsern Daseinszweck, und von dem dabei beschrittenen Wege aus haben wir unsere eigenen Fern- und Ausblicke als seelische und geistige Perspektiven, die andere nicht haben, die andere Wege einschlagen, von denen aus gesehen sich die allmächtige Schöpfung wieder anders ausnimmt. Aber die verschiedenen Wege zum Endziel adeln durchaus nicht den darüber Hinwegschreitenden oder bringen ihn in eine bevorzugte Klasse. Dass z. B. eure Eisenbahnen Expresszüge fahren lassen können, ist nur möglich, weil die Bahnstrecke in Ordnung gehalten ist. Das tun die Streckenaufseher, die überall längs der Geleise ihre Wirkungsbereiche haben. Sie mögen vom irdisch sozialen Standpunkt aus weit unter manchen derer stehen, die in Expresszügen über die Strecke hinwegfahren, doch könnten die sozial Höherstehenden in den Expresszügen nie so unbesorgt dahinfahren, wenn es eben nicht Strekkenwärter gäbe. So sind also die sozial Höhergestellten trotz ihrer höheren sozialen Stellung während ihrer Reise ganz und gar abhängig von der treuen Pflichterfüllung der Streckenwärter, ohne die der Expresszug dauernd in Gefahr des Entgleisens wäre, und die sozial höher stehenden Reisenden damit dauernd in Lebensgefahr schweben würden. Es steht eben alles in der Schöpfung und auch in den Teilschöpfungen der Schöpfung unter- und miteinander irgendwie in Verbindung, ob wir das nun wollen oder wünschen oder nicht. Dieses untereinander und miteinander Ge- und Verbundensein ist ein ständiger Ausdruck der ewigen Gegenwart des Schöpfers."

„Das leuchtet mir ein", bemerkte ich nachdenklich.

„Oh, dir wird mit der Zeit noch viel mehr einleuchten. Doch alles hat seine Zeit. Du kannst nicht erwarten, dass du schon nach ein paar Stunden eine Blume erblühen siehst, deren Samen du gerade erst in die Erde gesteckt hast. Auf Erden sind Hilfsmittel des Schöpfers — und zwar recht wichtige — die Momente der Zeit und des Raumes, die sozusagen kristallisierte Formen des Ruhens des Schöpfers am immer noch bestehenden siebenten Schöpfungstage sind. Mit Zeit und Raum muss daher gerechnet werden. Beide können zwar unter Umständen — wenn man weiss, wie — gelegentlich mal unterbrochen werden, doch das sind eben nur Ausnahmefälle. Nun, lieber Bruder Amo, abschliessend noch eins! Wer hier zu uns kommt, muss zu allererst Bescheidenheit und Demut lernen, die aber freiwillig sein müssen. Wir zwingen hier niemanden zu irgendetwas, wissen aber, dass jeder sich von allein wird einordnen wollen, wenn es ihm ehrlich darum zu tun ist, den Weg der Entwicklungen zu beschreiten, den die Allgemeinheit den Weg der heiligen Männer nennt. Nochmals sei aufmerksam gemacht, dass es auch noch hunderte, nein, tausende und aber tausende andere Wege zum Endziel gibt. Teile mir nun mit, ob es dein innerster Herzenswunsch ist, unsern Weg hier zu beschreiten und damit wirklich einer der Unsrigen zu werden."

Meister Z blickte mich erwartungsvoll-gespannt an, was ich antworten werde. Fast kam es mir so vor, als ob er Angst hätte, das ich umkehren würde.

Merkwürdig! Ich spürte die Bedeutung dieses Augenblickes! Wie ein Blitz erschien vor meinem geistigen Auge plötzlich eine

Situation, in der ich der entscheidende Faktor war. Ich sah mich plötzlich vor einem Kreuzweg stehen. Der Weg links führte in eine blühende Sommerlandschaft hinein, aber der Horizont war verschwommen wie durch Dunst, der an heissen Sommertagen aufzusteigen pflegt. Der andere Weg führte durch eine eintönige, im Zwielicht gehaltene Landschaft; doch im Hintergrunde war eine so herrliche Szenerie klar im Sonnenschein sichtbar, dass ich sofort das Gefühl hatte, dorthin führt mich meine Bestimmung.

Als diese Vision verschwunden war und ich mich wieder unter Kontrolle hatte, sah ich immer noch Meister Z fragend, gespannt auf mich blicken. Ich war verwirrt, strich mir über die Stirn und murmelte:

„Ja, wo waren wir doch in unserer Unterhaltung?"

„Ich fragte dich, lieber Bruder Amo, ob du wirklich einer der Unsrigen werden möchtest?"

„Ach ja, stimmt! Jetzt erinnere ich mich! Natürlich, Meister Z! Deswegen kam ich ja hier herauf."

„Nun gut, lieber Bruder Amo! Doch auf dem Wege, den wir hier gehen, muss alles freiwillig getan und ausgeführt werden. Nirgends darf etwas unter Zwang geschehen. Deswegen nehme ich dein heutiges ‚Ja' als vorläufig und bedingt an. Nach einem halben Jahre werde ich die Frage nochmals wiederholen, denn anfangs wird das Leben hier für dich sehr eintönig sein. Das muss aber so sein aus Gründen der Erlernung der Selbst-Disziplin. Von nun ab bist du also einer der ‚Unsrigen', und ich heisse dich aufs Aller-Allerherzlichste und Ehrlichste willkommen, teurer Bruder Amo."

Damit zog mich Meister Z erneut an sich. Als er mich frei liess, bemerkte er:

„Von nun ab hast du deine Wege hier allein zu gehen; doch du hast das Recht, jeden deiner Brüder hier um Rat und Aufschluss zu fragen. Aber wenn du einmal nicht die richtige Antwort bekommen solltest, so versuche dennoch, den andern zu verstehen, der vielleicht schon weiter ist und sieht, dass du die Antwort auf die Frage allein finden kannst, was dann zu deinem eigenen Fortschritt-Vorteil sein würde. Da ist Bruder Gustav, du wirst mit ihm seinen Wohnraum teilen, und er wird dein dich beratender und führender Bruder sein.

Also nochmals, die Hauptbedingung: Bescheidenheit, Demut und sich niemals beleidigt fühlen. Der Segen des Allmächtigen sei mit dir!"

Damit legte Meister Z seine Hände auf meinen Kopf, und ich fühlte, wie mich eine Art von elektrischem Strom durchzuckte.

Damit war ich entlassen und folgte dem freundlich lächelnden Bruder Gustav, der gerade das Zimmer des Meisters Z, wie zufällig, geöffnet hatte, nach dessen Zimmer.

* * *

IN DER SCHULE DER „EINGEWEIHTEN“

Von nun an begann für mich ein Leben, das tatsächlich eintönig war. Die Zimmer-Ausstattung war sehr einfach. Es gab zwei primitiv zusammengezimmerte Bettstellen, die mit Matten bedeckt waren. Ausserdem gab es noch einen Tisch, zwei Stühle, einen Krug mit Wasser und einen Behälter, der als Waschschüssel zu dienen hatte. Als Trinkbecher gab es Schalen von Kokusnüssen. An der Wand befand sich eine Art von Bücherbrett, auf dem sich die verschiedensten Bücher über Philosophie, Religion, Naturwissenschaften und Okkultismus befanden.

Man schien sich um mich überhaupt nicht zu bekümmern. Ich hatte auch keine eigentliche Aufgabe zugewiesen bekommen. Ich wunderte mich darüber und befragte den übrigens recht wortkarg gewordenen Bruder Gustav, was ich nun eigentlich mit mir hier anfangen sollte.

Er zuckte die Achseln und bemerkte nur:

„Du wirst schon etwas finden, was deiner Neigung entspricht.“

Ich fing nun an, wenn es das Wetter erlaubte, draussen vor den Gebäuden in frischer Luft auf und ab zu gehen. Ich wurde davon immer sehr müde — wohl infolge der Höhenlage — und musste mich, in das Zimmer zurückgekehrt, dann immer gleich hinlegen. Ueberhaupt schlief ich die ersten Wochen ungemein viel, so dass ich einmal lachend Bruder Gustav gegenüber bemerkte:

„Ich komme mir hier vor wie in einem Schlaf-Sanatorium!“

„Das geht allen so, die hier heraufkommen am Anfang ihres Hierseins. Und das ist gut. Du weisst es nur noch nicht, dass die Höhenlage, der viele Schlaf, die geistige Umgebung hier oben und der magnetische Einfluss aller Hierweilenden eine Art von Düngerbett für dein seelisches Wachstum darstellen. Auf einmal wirst du gewahr werden, wie du gewachsen bist, auf einmal dann, wenn sich plötzlich deine viele Schlafsucht von allein geben wird.“

„Was meintest du mit der ‚geistigen Umgebung hier oben‘?

„Das wirst du noch näher kennen lernen. Doch zu deiner vorläufigen Orientierung sei dir mitgeteilt, dass hier oben, in dieser Höhenlage, sich viele geistige Wesen aufhalten, die aus dem interplanetaren Raum kommen oder die Seelen von Verstorbenen sind oder als in Bildung zum Menschentum begriffene Seelen hier auf die Gelegenheit warten, sich als Menschen zu re-inkarnieren, um eine irdische Lebenslaufbahn anzutreten. Du glaubst gar nicht, wie belebt alles hier oben um uns ist trotz der scheinbaren entsetzlichen Einsamkeit."

Ich gab mich zufrieden; doch es dauerte Monate, ehe ich mich bei meiner esoterischen Ausbildung teilweise von dem mir von Bruder Gustav Offenbarten zu überzeugen vermochte.

Bei meinen Spaziergängen im Freien fiel mir stets auf, dass ich mich niemals weit von den Bauwerken zu entfernen vermochte. Ich wollte immer gern einen der gar nicht so hohen Felsgrate hinter einem der Gebäude erklimmen, um von dort einen Blick in die Umgebung zur allgemeinen Orientierung zu werfen. Doch sobald ich zu steigen anfing, überkam mich eine Art von Lethargie, die sich schliesslich als Gleichgültigkeit äusserte und meine Energie lähmte, so dass ich immer wieder den Versuch aufgab, obgleich ich mir dann im Zimmer erneut gelobte, den Versuch doch durchzuführen. Später erfuhr ich, dass ich durch eine Art von magnetischem Band festgehalten war, das verhindern sollte, dass ich mich zuweit entfernte und vielleicht gar verlief und nicht mehr zurückfand oder möglicherweise erfror, denn trotz des blendenden Sonnenscheins, der meistens herrschte, war es doch kalt hier oben. Es waren nur noch selten Wolken zu sehen. Die tieferen Wolken kamen anscheinend nicht bis hier oben herauf.

Die anderen Insassen der Baulichkeiten sah ich nur bei den Mahlzeiten, die aber meistens stillschweigend gemeinsam eingenommen wurden. Man kümmerte sich scheinbar nicht umeinander. Die Mahlzeit begann nicht eher, als bis alle und Meister Z oben an der langen einfachen Holztafel Platz genommen hatten. Es wurde nicht eher gegessen, ehe nicht Meister Z ein bestimmtes Gebet gesprochen hatte, worauf eine Pause des Meditierens folgte. Ebenso wurde nach dem Essen gebetet und meditiert.

Am Anfang sass ich beim Essen immer am Ende der einen Seite der Holztafel neben Bruder Gustav. Am vierten Tage wurde ich jedoch vom Platzanweiser schweigend woanders hin placiert, neben zwei Männer von ernstem, zugeknöpftem Aussehen. Ich versuchte mit ihnen zu reden, erhielt jedoch immer nur Antworten mit Kopfnicken oder Kopfschütteln. Fragen, die man nicht beantworten wollte, wurden einfach ignoriert. Als ich einmal eine Frage mehrmals an den einen wiederholte, sah dieser mich plötzlich scharf an, wie in seiner Ruhe gestört, und bemerkte, fast unhöflich:

„Bruder, frage doch nicht immer über Dinge, die du dir mit der Zeit selbst beantworten kannst. Beobachte, lerne erst mal, und dann wird dir alles von allein klar werden."

Ich fühlte mich durch diese Abweisung als typischer Deutscher etwas in meiner Ehre gekränkt. Ich sah mich um, ob andere diese Abweisung, die mir zuteil wurde, bemerkt hätten. Doch alle blickten entweder wie meditierend oder in sich versunken vor sich hin und schienen sich um mich überhaupt nicht zu bekümmern. Da fiel mein Blick auf Meister Z. Er hatte mich anscheinend beobachtet. Er nickte mir freundlich zu, und damit war mein „Gefühl der gekränkten Ehre" plötzlich verschwunden.

Es dauerte lange, ehe ich herausfand, wo sich die verschiedenen Insassen der Baulichkeiten den ganzen Tag über aufhielten. Die meisten studierten entweder in Gruppen oder einzeln, hielten Meditations-Uebungen ab oder hatten auch rein weltliche Aufgaben auszuführen, wie z. B. Proviant und andere Bedarfsartikel und Materialien von irgendwoher heranzubringen.

Die erste Zeit meines Aufenthalts an der Stätte des Meisters Z verlief daher eigentlich äusserst eintönig und uninteressant. Und dabei hatte ich zudem gar kein besonderes Verlangen nach irgendeiner Betätigung. Meister Z bekam ich ausser bei den einfachen Mahlzeiten nie besonders zu sehen. Kurz, ich war eigentlich gänzlich überflüssig hier oben. Ha, da hatte ich das richtige Wort für meinen Zustand gefunden: „Ueberflüssig". Zuerst dachte ich mir noch nichts dabei, denn ich hatte keinerlei Ehrgeiz oder Verlangen, etwas zu tun oder zu unternehmen.

Auf einmal jedoch überkam mich eines Morgens plötzlich eine ungeahnte Energie, und zwar mit solcher Urgewalt, dass ich förmlich erregt wurde. Als Bruder Gustav heimkam, um sich dann zum Essen nach dem Speisesaal zu begeben, bestürmte ich ihn förmlich mit einem Ausbruch von Forderungen, Mitteilungen und

Fragen aller Art:

„Höre mal, lieber Bruder Gustav," begann ich, „jetzt habe ich das Faulenzen und Herumliegen aber gründlich satt. Finde ich jetzt nicht bald eine Beschäftigung, so packe ich alles zusammen und verschwinde von hier. Die Geschichte wird mir nun doch bald nicht nur langweilig, sondern sogar zu dumm! Soll ich denn hier oben vielleicht mein Leben verdösen und verschlafen? Was sagst du dazu, he? Du antwortest mir einfach nicht, wirklich nette Bruderschaft das! Was soll ich denn hier? Sage mal selbst: ist mein ganzer Aufenthalt hier nicht überhaupt ein grosser Unsinn?"

Solcher Art sprach ich auf ihn ein, ohne von Bruder Gustav auch nur einer einzigen Antwort gewürdigt zu werden, was mich nur noch mehr aufregte, so aufregte, dass ich beinahe ausfällig beleidigend wurde. Meine Stimme wurde laut. Ich schrie förmlich. Doch noch immer tat Bruder Gustav, als ob ich überhaupt nicht für ihn existierte. Das machte mich auf einmal so wütend, dass ich ein Buch, das auf dem einfachen Holztisch lag, aufgriff und nach Bruder Gustav schleuderte mit den Worten:

„Da, vielleicht weckt dich das auf!"

„Nein, das wird ihn auch nicht aufwecken, denn Bruder Gustav ist völlig wach", hörte ich da plötzlich die Stimme von Meister Z, der in der Tür gerade erschienen war, als ich das Buch nach Bruder Gustav warf. Das Buch schien aber wie auf einen geheimen Befehl einfach von der Wurfrichtung abzuweichen und fiel nicht, sondern schwebte förmlich langsam und gemütlich dem Meister Z zu, der es lächelnd aufgriff.

Die Stimme von Meister Z wirkte wie ernüchternd auf mich. Ich sah ihn gross an und — schämte mich!

„Du brauchst dich nicht zu schämen, Bruder Amo", bemerkte da liebevoll Meister Z. "Die Krisis, die du jetzt durchmachst, haben alle ohne Ausnahme — auch ich — durchgemacht, als sie hierher kamen. Die Krisis zeigt, dass du jetzt bereit bist zum Mitarbeiten. Von jetzt ab werden dich weder die Höhe, noch Kälteunterschiede, noch sonstige natürliche Hindernisse mehr am wirklichen Mitarbeiten mit uns behindern können. Du bist mit Lebenskraft aufgeladen wie ein bis oben hin gefüllter Energiebehälter. Du musstest dieses Stadium erreichen, ganz allein, ohne jede Hilfe, Unterstützung und ohne jedes Zutun von anderer Seite. Daher auch das zugeknöpfte Schweigen der andern, auch von Bruder Gustav. Nun fasse Mut; die erste Prüfung, allerdings die leichteste, hast du überstanden! Von jetzt ab wirst du die regelmässigen Karawanen begleiten als einfacher Träger, die von Zeit zu Zeit nach bestimmten Stapelplätzen gehen, um dorthin transportierte Sachen für uns abzuholen. In den Zeiten dazwischen wird dein eigentlicher Unterricht beginnen. Doch lasse dich davon nicht abschrecken, da auch dort zuerst alles eintönig sein wird. Du darfst keine Fragen stellen, auch wenn dir manches von deinem jetzigen Standpunkte aus konfus und verdreht erscheinen mag. Das alles, was dir jetzt noch unverständlich ist, dient dazu, deinen Körper zu stählen, deine Seele zu schärfen und dein ewiges unvergängliches Ich-Bewusstsein so stark zu machen, dass du dich von nun ab stets ‚unter Kontrolle halten' kannst. Später wirst du dankbar anerkennen, wie gut diese Uebung zur Selbst-Disziplin von Anfang an gewesen ist. Nach dem Essen folge mir, da ich dir gern als eine Art Anerkennung für dein Bestehen der, wenn auch leichten, Aufnahme-Prüfung dir einen kleinen Einblick in die unendlich zahlreichen Forschungsgebiete von uns gewähren will. Vergiss nicht: es ist das eine Vergünstigung, die nur dir zuteil wird, weil wir einst eng zusammengearbeitet haben, du also schon weiter vorgeschritten bist als andere Neuankömmlinge, und weil ich weiss, dass einen gebildeten Deutschen nie etwas so quält als etwas, worüber er keinen Ueberblick gewinnen kann. Da die meisten führenden Persönlichkeiten des deutschen Volkstums sich vom ‚Uranus' aus re-inkarniert haben, so ist der Haupt-Charakterzug der Bewohner des Planeten Uranus dem ganzen deutschen Volkstum eigen. Es ist das die deutsche peinliche Genauigkeit, die leicht zur Pedanterie ausartet, die Zuverlässigkeit, die Ehrlichkeit und die Ausdauer, die manchmal einfach unerschütterlich erscheinen."

Nach dem Essen, das ich diesmal in einer gewissen gehobenen Stimmung zu mir nahm, winkte mich Meister Z zu sich und bemerkte:

„Nun, lieber Bruder Amo, sollst du als erste Ueberraschung etwas zu sehen bekommen, was du wohl kaum geahnt haben magst."

Damit nahm mich Meister Z unter den Arm, und wir gingen einen langen Seitengang bis zum Ende, der durch eine Tür abgeschlossen war.

Was ich nun erlebte, war — besonders damals noch — für mich so etwas Aussergewöhnliches und Unfassbares, dass ich tatsächlich glaubte, ich befände mich in einer andern Welt. Nachdem wir einen Raum betreten hatten, der ungeheuer ausgedehnt zu sein und nur Bücher und Manuskripte zu enthalten schien, traten wir in einen Saal, der eine Decke aus Glas hatte, die scheinbar eine Felsöffnung abschloss, da von oben her Tageslicht in den Saal eindrang. Dieser Saal war eine Art von Museum, doch ein Museum ganz merkwürdiger Art, wie es wohl sonst kein ähnliches auf der ganzen Welt gibt. Als ehemaliger Schüler der heiligen Männer bin ich durch mein „inneres" Ehrenwort, freiwillig gegeben bei meiner letzten Initiierung, die meinen Lehrgang abschloss, leider nicht in der Lage, das Museum selbst näher zu beschreiben. Nur soviel kann ich mitteilen, dass dort die Möglichkeiten vorhanden waren, das seelische Wachstum ins Geistige hinein von jedem einzelnen Schüler der Stätte des Meisters Z mit einem Blick zu umfassen. Ich konnte u. a. auch wahrnehmen, wo ich mich in meiner Entwicklung befand. Die Verbindung zwischen dem Museum und den Personen war durch einen seelisch-magnetischen Kontakt hergestellt, hauptsächlich durch den freien Willen jedes Schülers, freiwillig an der Stätte des Meisters Z zu weilen und dort zu einem „Initiierten" der heiligen Männer und damit selbst zu einem Meister zu werden, wie es Meister Z ist.

Nachdem wir in dem Museum eine Weile herumgegangen waren und Meister Z mir wichtige Erläuterungen gegeben hatte, begaben wir uns ins Vorzimmer zurück, wo, wie erwähnt, eine unübersichtliche Menge von Büchern und Schriftstücken aufgestapelt lag. Alle Sprachen der Welt waren vertreten. Ich suchte unwillkürlich nach der Abteilung für deutsche Bücher. Ich fand jedoch nichts. Gerade wollte ich mich bei Meister Z danach erkundigen, als dieser begann:

„Lieber Bruder Amo, es gibt wohl auch Bücher in deutscher Sprache hier, sogar in dem Dialekt vergangener Jahrhunderte, doch das ist nicht das Seltsamste an dieser Bibliothek. Das Seltsamste ist, dass du, wenn du es verstehst, jedes Buch sofort in deiner geläufigsten Sprache lesen kannst, ganz gleich, in welcher Sprache es geschrieben oder gedruckt sein mag, und ferner, dass du hier in Büchern lesen kannst, die die ganze Geschichte unseres Sonnensystems, einschliesslich der Entstehung der Menschen, und die Geschichte der nächsten Jahrhunderte enthalten. Die Geschichte der nächsten Jahrhunderte ist jedoch leider nur so vorhanden, dass die möglichen Abweichungen mitenthalten sind, die nach logischem Entwicklungs-Geschehen des schon zur Geschichte Gewordenen eintreten mögen gemäss der freien Willens-Entscheidung der Menschheit." — Was ich da las und erfuhr, war so merkwürdig, dass ich es kaum zu fassen vermochte. Enthalten waren in Büchern der unmittelbaren Zukunft die Entdeckung der unzähligen Auswirkungen in der Handhabung des elektrischen und magnetischen Stromes der Erde, ferner die Automobile, die Wandelbilder, das Fliegen, das Radio, das ... doch halt, ich darf nicht dieser Zeitepoche vorgreifen, in der diese Mitteilungen veröffentlicht werden! Soviel sei nur noch gesagt, dass ich damals, ausgangs des vorigen Jahrhunderts, schon erfuhr vom Weltkrieg Nummer Eins und vom Weltkrieg Nummer Zwei und was diesem nachfolgen wird. Doch darüber darf ich nichts berichten. Man versuche deswegen nicht, durch Schreiben an mich näheres zu erfahren.

In mein Zimmer zurückgekehrt, fand ich Bruder Gustav vor, der am Tisch sass und studierte. Ich ging auf ihn zu mit den Worten:

„Bitte, Bruder Gustav, verzeihe mein Betragen heute morgen. Ich schien aber im Augenblick gänzlich die Kontrolle über mich verloren zu haben."

„Schon gut", lachte Bruder Gustav. „Du bist ja nicht der einzige, dem es nach einer Weile so geht. Wir alle haben das durchgemacht, auch ich. Ich habe damals sogar, als diese erste Krisis über mich kam, meinen Stuben-Kameraden regelrecht vermöbelt. Ich dachte, ich hätte ihn tüchtig verhauen; doch als ich wieder zu mir kam, sah ich ihn lachend am Tische sitzen. Was ich verhauen hatte, war eine von ihm kristallisierte Gedankenform gewesen, die mir wie er selbst erschienen war — etwas, was du mit der Zeit auch wirst formen können."

„Kannst du es?" fragte ich neugierig.

„Aber natürlich, denn das ist in Wirklichkeit das Einfachste, was es gibt."

„Willst du mir mal eine solche herstellen?" bat ich neugierig.

Bruder Gustav schüttelte lachend den Kopf und mahnte:

„Siehste wohl, mein lieber Bruder Amo, wie auch dich die Neugierde packt. Aber was wäre dir wohl mit einer solchen kleinen Vorstellung gedient, die dir wie ein Wunder vorkommen mag. Nichts, solange du es nicht selbst kannst. Sobald du es aber selbst kannst, wirst du dich darüber nicht mehr wundern. Dann kannst du das mentale Kunststückchen selbst ausführen, so lange und so oft du willst, und wirst dabei herausfinden, dass du es gar nicht mehr wirst machen wollen, weil dir das mit der Zeit viel zu langweilig vorkommen wird."

„Ihr seid doch alle zusammen merkwürdige Brüder," bemerkte ich lachend, aber doch zufriedengestellt.

„Uebrigens, Bruder Amo, lege dich mal bald zu Bett. Morgen trittst du einen langen Marsch an mit der Proviant-Kolonne nach Tibet hinein. Es ist ein Weg von mindestens zehn Tagemärschen, immer nur auf Hochplateaus mit schweren Winter- und Schneestürmen. Und wenn dazwischen mal die Sonne scheint, so kannst du was erleben an Sonnenbrand, wenn du dich nicht vorsiehst. Folge daher immer genau dem Rat des Leiters der Kolonne. Wenn du das tust, wirst du nichts auszustehen haben und auch nichts leiden. Aber beachte ja: der Leiter der Kolonne macht nur in der allerliebenswürdigsten Weise aufmerksam. Du brauchst ihm nicht zu gehorchen, doch du wirst dann darunter leiden, wie z. B. durch Sonnenbrand."

„Nette Aussichten das", bemerkte ich.

„Doch das ist noch lange nicht alles. Du wirst noch mehr erleben. Ihr kommt u. a. auch bei einer Stätte vorbei, wo Frauen die ‚Schule zur Meisterschaft' durchzumachen haben. Da sei mal extra vorsichtig."

„Keine Bange, ich bin gefeit gegen Frauen."

Bruder Gustav pfiff als einzige Antwort etwas vor sich hin, als ob er damit sagen wollte: Na, warte mal erst alles ab, mein Junge!

„Apropos," nahm ich das Gespräch wieder auf. „Das ist das erste Mal, dass ich höre, dass auch Frauen zur ‚Meisterschaft' zugelassen werden."

„Warum sollten sie denn nicht?“ entgegnete Bruder Gustav mit einer rhetorischen Gegenfrage. „Sie sind doch genau so Menschen wie wir.“

„Ja, ich dachte aber immer, die verschiedenen Beschwerden, die mit ihrer Körperhülle als Frauengestalt verknüpft sind, macht es für sie fast unmöglich, zur ‚Meisterschaft‘ zu gelangen.“

„Es gibt doch auch Frauen als Malerinnen, Bildhauerinnen, Dichterinnen und Schriftstellerinnen, nicht wahr?“

„Ja, doch das ist schliesslich immer was anderes. Sie bleiben damit immer Frauen und verlieren ihre Frauen-Charaktereigenschaften nicht. Aber als ‚Meister‘!? Ich weiss nicht! Ich kann mir das nicht so richtig vorstellen!“

„Auch das wird dir mit der Zeit klar werden. Ich will dir vorläufig erst mal einige Winke geben, die dir als Leitfaden zum eigenen weiteren Nachdenken darüber dienen mögen. Zunächst erst mal darfst du nicht vergessen, dass sich die Zweiteilung in zwei verschiedene, sich aber ergänzende Geschlechter, durch die ganze Schöpfung hindurchzieht. Wer die ‚Meisterschaft‘ erreicht hat, ist insofern über das auf Erden so Wesentliche und Unterschiedliche der Geschlechter hinaus, dass er auch den Geschlechtstrieb als solchen ‚gemeistert‘ hat. Wohlverstanden ‚gemeistert‘, aber nicht etwa verloren oder eingebüsst. Die ‚Meisterung‘ besteht darin, dass jeder ‚Meister‘, ganz gleich ob männlichen oder weiblichen Geschlechts, ganz harmlos mit -und nebeneinander leben und existieren kann, wie wir gewöhnlichen Sterblichen das ja auch tun als Bruder und Schwester, als Sohn und Mutter, als Vater und Tochter. Die Meisterung der Geschlechter unter dem beschriebenen Verwandtschaftsverhältnis ist für uns etwas ganz Selbstverständliches, weil das die Moral von Jahrhunderten und Jahrtausenden so erfordert und dieser Moralbegriff uns zu einer Selbstverständlichkeit geworden ist. Genau so ist die ‚Meisterung‘ der Geschlechter bei denen, die die ‚Meisterschaft‘ erlangt haben, ganz gleich ob männlichen oder weiblichen Geschlechts, etwas Selbstverständlich-Gegebenes; nur ist bei der erlangten ‚Meisterschaft‘ das Verhältnis der Geschlechter zueinander noch auf einer höheren Basis als bei Bruder-Schwester, Mutter-Sohn, Vater-Tochter. Das Verhältnis der Geschlechter auf der Basis und dem Niveau der ‚Meisterschaft' ist echte, wahre Freundschaft und wahre Kameradschaft, also von der Art der wirklichen Bruderschaft im Geiste."

„Das ist mir einleuchtend," bemerkte ich zu dieser Erklärung, „denn dabei fällt das Moment der innigen Verschmelzung als Geschlechter zueinander fort."

„Und gerade darin irrst du dich ganz gewaltig. Die Verschmelzung der Geschlechter auf der Basis der ‚Meisterschaft' findet auch statt, allerdings freilich anders als unter gewöhnlichen irdischen Verhältnissen. Die Verschmelzung der Geschlechter auf der Basis der ‚Meisterschaft' ist die gleiche, wie die Verschmelzung der Geschlechter im Himmel, wo bekanntlich erst die ‚wahren Ehen' geschlossen werden. Die Vereinigung der Geschlechter als ‚Meister' oder ‚im Himmel' besteht darin, dass der negative, also der weibliche Teil, vollständig in eines verschmilzt mit dem männlichen Teil der Wesenheiten zu ‚einer Wesenheit' im Denken, Handeln und Schaffen. Kurz, es ist ein Zustand der allerhöchsten Harmonie, wie wir ihn uns kaum vorzustellen vermögen. Der negative Teil gibt nach und veranlasst durch dieses Nachgeben, dass der aktive Teil sich in seinem Handeln lenken und leiten lässt. Doch vorläufig nur soviel! Solange wir Männer und auch Frauen noch nicht die ‚Meisterschaft' erlangt haben, sind wir alle beide eben noch recht menschlich. Sei daher ja vorsichtig, wenn ihr bei dem Frauen-Kloster oder besser bei der Frauen-‚Stätte' eines Frauen-‚Meisters' Halt macht. Ich hätte mir dort damals beinahe meine ganze weitere Initiierungs-Karriere verdorben und damit natürlich auch die Karriere der Person des andern Geschlechts, die dabei in Frage kam. So, mein lieber Landsmann, siehe dich ein wenig vor."

Ich musste unwillkürlich lachen über diesen Rat. Ich hatte mir niemals viel aus Frauen gemacht. Ich sah keinerlei Gefahr für mich im Besuch der Studier-Stätte der Frauen. Je mehr ich jedoch, nachdem ich mich aufs Lager gelegt hatte, über die Meinung von Bruder Gustav nachdachte, desto bedeutsamer schienen mir seine Worte zu werden. Das besonders deswegen, weil ich wusste, dass wir bei unserer seelischen Entwicklung ins Geistige hinein noch einmal alles durchzumachen hätten als eine Art Probe, was in unserer langen, langen Entwicklung als Mensch je einmal in unserm Menschen-Dasein eine Rolle gespielt hatte. Es fiel mir auf einmal ein, dass ich ja auf dem andern Planeten, auf dem Meister Z bereits die Meisterschaft erlangt hatte, verheiratet gewesen war. Ich konnte mich auf meine damalige Frau nicht mehr besinnen. Ausserdem fiel mir ein, dass es nach okkulter Auffassung heisst, dass für jeden das polare Gegenstück vorhanden sei, also für einen Mann das seelische Gegenstück als Frau und für eine Frau das seelische Gegenstück als Mann.

Gerade als ich mich entschloss, Bruder Gustav darüber zu befragen, blickte dieser von seinen Büchern auf und antwortete mir lächelnd:

„Grüble darüber nur nicht weiter nach. Das wird dir später von allein klar werden. Ehe du so weit bist, lerne erst gründlich das Grundprinzip des Seins: Liebe den Schöpfer als Vater und Bruder über alles und jedes Geschöpf als ebenfalls ‚Kind Gottes‘ genau wie du dich selbst liebst.“

Ich gab mich zufrieden und schlief ein.

Am nächsten Tage herrschte ein gewaltiger Schneesturm.

„Aha,“ bemerkte ich etwas triumphierend zu Bruder Gustav. „Da seid ihr ‚Weisen aus dem Morgenlande‘ halt doch mal hineingefallen mit eurer Wetterkenntnis.“

„Wieso?“ fragte Bruder Gustav ganz harmlos.

„Na, es hiess doch, morgen, also heute, sollte ich mit der Kolonne einen langen Marsch antreten, und nun wird nichts daraus.“

„Und doch wird etwas daraus, indem du dich hübsch nach dem Proviantraum begibst und dort die letzten Handgriffe zum Reise-Aufbruch mitleistest. Dann brecht ihr trotz des Schneesturmes auf bis zur ersten Etappe, die nur wenige Meilen von hier entfernt ist. Bis dorthin wird euch kein Schneesturm etwas zu Leide tun können. Im Gegenteil wird euch dieser kurze Marsch recht wohl tun und euch etwas an das Aussen-Klima gewöhnen.“

Ich packte meine wenigen Sachen zusammen und wurde von Bruder Gustav nach dem Proviantraum geführt. Dort herrschte gar grosse Geschäftigkeit. Ungefähr dreissig bis vierzig Tibetaner hatten Lasten neben sich stehen, die sie auf den Schultern tragen würden. Die Lasten bestanden in einer Art von geflochtenen Körben, die übrigens fast ganz leer waren. Mein Erscheinen wurde weiter nicht beachtet. Bruder Gustav führte mich zu einer in Unterhaltung begriffenen Gruppe, wo ich einem sehr grossen, schlanken, hübschen, wettergebräunten Manne vorgestellt wurde, dessen Nationalität ich wirklich nicht festzustellen vermochte. Was mir aber angenehm auffiel, war eine geradezu unwiderstehliche Herzlichkeit, die von ihm ausströmte.

Bruder Gustav stellte mich ihm als Bruder Amo vor. Der Führer der Kolonne wurde mir vorgestellt als „Bruder Xerx", woraus ich jedoch auch nicht auf die Nationalität zu schliessen vermochte.

Bruder Xerx führte mich zu einer Gruppe Tibetaner, die mich lächelnd und freundlich begrüsste. Dort erhielt ich einen Korb, den ich tragen sollte. Ich wurde nicht erst vorgestellt. Das war schliesslich auch nicht nötig, da man mich unter den Trägern sofort als einen der Ihrigen betrachtete und die Anrede einfach mit "You" auf Englisch geschah, denn jeder sprach englisch. Einige der Tibetaner konnten sogar einige Brocken Deutsch sprechen.

Bruder Xerx hatte sich zu der Gruppe zurückbegeben, bei der ich ihm vorgestellt worden war. Die Gruppe bestand aus verschiedenen Studierenden, die ich vom Sehen bei der gemeinsamen Tafel her kannte. Die Tibetaner hatte ich vorher noch nicht gesehen. Einige schienen mich aber zu kennen. Vielleicht waren es Träger jener Kolonne gewesen, die mich heraufgeführt hatten.

Kaum hatte ich mir den Korb angesehen, der eine Extra-Schlafdecke aus ungewöhnlich dicker Wolle enthielt, als es hiess, sich den Korb auf den Rücken zu schnallen. Als das geschehen war, fand sich Meister Z ein, der an uns eine kurze Meditations-Ansprache hielt und uns dann mit ausgestreckten Armen segnete, d. h. magnetisch dem Schutze des Höchsten empfahl.

Als wir aus dem Felsengang ins Freie traten, schlug uns eine Wolke feinen Schneestaubes entgegen. Der Wind heulte ganz gefährlich, und die Luft war so eisig, dass sie die Haut zu zerschneiden schien.

Es ging einer nach dem andern, und zwar so dicht, dass man immer gleich in die Fusstapfen des Vordermannes zu treten vermochte, sobald dieser seinen Fuss entfernt hatte. Das war aber auch notwendig, denn der Schnee wirbelte derart um uns herum, dass wir einander sonst zweifelsohne aus den Augen verloren haben würden. Nachdem wir wohl eine halbe Stunde durch tiefen Schnee gestampft waren, kamen wir auf eine Art Weg, der rechts einen Abhang hinaufführte. Hier hatte der Sturm den Schnee fast ganz fortgeweht, und es ging sich gut. Auf einmal schienen wir aus den Schneewolken herauszukommen, denn es hörte auf zu schneien, doch unter uns brodelten und wogten finstere Wolken. Zwischen diesen und einer über uns befindlichen ganz grauen Wolkenschicht schien eine Zone der Ruhe zu herrschen. Der Sturm hatte sich auf einmal gegeben, und es fühlte sich an, als ob es wärmer geworden wäre, was wohl aber darauf zurückzuführen war, weil eben der Sturm aufgehört hatte.

Man konnte nicht weit vor sich hinsehen, da der Abhang, den es hinaufging, schräg aufwärts verlief und so keinen Blick auf den eigentlichen Gipfel gewährte. Da bogen wir um eine Bergwand nach rechts. Es wurde immer heller und heller. Plötzlich lag vor uns eine Landschaft von unbeschreiblicher Schönheit. Die Wolkenwand war wie abgebrochen. Unter uns lag ein tiefverschneites Gebirgsplateau, dessen Gipfel nicht bis zu unserer Höhe hinaufreichten. Weiter hinter öffneten sich die Berge hinab zu einem Tal, das aber in Dunst und Nebel zu verschwinden schien. Bis dorthin lag die Hochgebirgslandschaft im blendendsten Sonnenschein ausgebreitet. Ab und zu zogen weisslich-grau und bläulich schimmernde Wolkenfetzen unter uns dahin, auf denen sich die Sonnenstrahlen grell widerspiegelten. Nach oben und dem Horizont zu erschimmerte alles in einem Himmelsblau von überirdischer Zartheit und Pracht. Unwillkürlich war ich stehen geblieben, um die Landschaft auf mich einwirken zu lassen. Dass ich damit die hinter mir Kommenden aufhielt, kam mir gar nicht in den Sinn. Erst als ich mich satt gesehen hatte, bemerkte ich das, und fing nun an, mich nach hinten zu wie entschuldigend zu verneigen. Man winkte mir lachend zu. Auch die Vorderen waren nicht weitergegangen. Sie hatten bald bemerkt, wie die Landschaft mich fesselte, und waren ruhig stehen geblieben, um mich nicht zu stören.

Xerx lachte mir von vorn her zu und fragte, mir laut zurufend: „Hast du dich satt gesehen, Bruder Amo?"

Ich bejahte das, ebenfalls lachend, mit Kopfnicken.

„Wir sind bald am Ziel, und dann kannst du noch länger die Landschaft bewundern."

Und so war es. Es war ein ganzer Gebäudekomplex, wo wir Halt machten und unser Lager aufschlugen. Dort schienen übrigens Tibetaner zu wohnen oder vielleicht mit der Verwaltung der Baulichkeiten beauftragt zu sein.

Ich hielt mich, nachdem ich meine Korblast abgelegt hatte, noch eine ganze Weile draussen auf. Die Sonne schien vom hellblauen Firmament herab, während unter uns, von der grauen Dunstschicht am Horizont her, sich Wolkenballen zu formen schienen, die aufwärts nach uns zu heraufquollen, ein Zeichen, dass wir nachts einen neuen Schneefall bekommen würden.

Ganz in das Naturspiel vertieft, fühlte ich mich an der Schulter berührt. Ich blickte mich um, und vor mir stand Xerx.

„Daran erkennt man den Deutschen," bemerkte er einleitend, „dass er in den Naturschönheiten schwelgt. Aber ich muss dir gestehen, dass auch ich diese Naturschönheiten immer und immer wieder bewundere, obgleich ich damit von meiner Geburtsstätte her eigentlich vertraut sein sollte."

„Wo ist deine Geburtsstätte gewesen?" fragte ich.

„Dort, wo der Kaukasus in die armenische Hochgebirgswelt übergeht. Meine Eltern waren Kaukasier. Mutter war eine Georgierin, und Vater hatte wohl persisches Blut in sich. Wie es hiess, stammte er von Nachkommen der persischen Herrscher des Altertums ab."

„Merkwürdig. Und doch kamst du mir so bekannt vor; doch dort im Kaukasus bin ich nie gewesen."

„Das Bekanntsein mag verschiedene Ursachen haben. Entweder haben wir uns früher schon gekannt auf irgendeiner andern irdisch-planetarischen Verkörperung oder aber wir kommen uns so bekannt und vertraut vor — denn auch ich habe dasselbe Empfinden und fühle mich zu dir hingezogen —, weil unsere Zielbestrebungen gleich gerichtet und unsere Charaktereigenschaften von den gleichen Idealen beherrscht werden."

„Wie bist du zur Stätte des Meisters Z gekommen?" fragte ich weiter.

„Auch ich verspürte einen unbestimmten Ruf, genau wie wohl jeder von uns, der jetzt an der Stätte des Meisters Z weilt, und so traf ich mit ihm zusammen bei einer seiner Wanderungen durch Belutschistan. Ich gehörte dort einem Kloster an; doch war ich niemals ganz befriedigt mit dem dortigen Streben. Als ich daher Meister Z sah, wusste ich sofort, wo ich hingehörte und folgte ihm nach."

Inzwischen war es finster geworden, und wir begaben uns in das Hauptgebäude. Dort verzehrten wir eine Mahlzeit. Dann hielt Bruder Xerx eine Meditation ab, worauf wir uns alle auf unser Lager warfen und ich wenigstens sofort fest einschlief.

An den folgenden zwei Tagen wurden ziemlich anstrengende Märsche zurückgelegt. Wir bewegten uns immer auf dem Hochplateau entlang, das wie ein riesiges Hochgebirgsdach die verschiedenen Hochgebirgsgipfel-Gruppen mit- und untereinander zu verbinden schien. Bruder Gustav hatte recht gehabt, dass er mich vor den Sonnenstrahlen hier oben gewarnt hatte. Ehe wir am nächsten Morgen aufbrachen, überreichte mir einer der Tibetaner einen kleinen Behälter mit einer Art Oel, und forderte mich auf, damit das Gesicht, den Nacken, die Hände und Arme einzureiben, um mich vor Sonnenbrand zu schützen. Er stellte den Behälter mit Oel neben mich, und ich vergass ganz den Rat, mich einzureiben.

Kurz ehe wir am nächsten Morgen aufbrachen, zögerte Bruder Xerx mit dem Abmarsch und sah erwartungsvoll zu mir, der ich mich unter die tibetanischen Träger eingereiht hatte. Allmählich sahen auch alle anderen zu mir hin, so dass ich schliesslich ganz verlegen wurde. Bruder Xerx ergriff lächelnd das Wort.

„Bruder Amo, hast du nicht vielleicht etwas vergessen?"

Ich sah an meiner Ausrüstung herunter und konnte nichts bemerken. Da deutete er auf die Bank, wo noch der Behälter mit dem Oel stand.

Ich entschuldigte mich und rieb mich mit dem Oel ein und trat dann wieder in meine Reihe der Träger-Kolonne zurück. Nun brachen wir auf. Das Oel kam mir anfangs lästig vor; doch nun sah ich, dass fast jeder der Tibetaner im Gesicht glänzte. Jeder hatte sich — selbst diese wetterharten Bewohner der höchsten Gebirgsplateaus — mit Oel eingerieben.

Uebernachtet wurden die nächsten zwei Male ebenfalls wieder in hüttenähnlichen Baulichkeiten, die stets die gleiche Innenausstattung aufwiesen, nämlich nur das Allernotwendigste. Solche Unterkunftsstätten in Tagesmarsch-Abständen über die gewaltigen Hochgebirgs-Gebiete waren grossartig organisiert. Ueberall war immer alles in bester Ordnung. Freilich musste jede abreisende Kolonne alles wieder in Ordnung bringen, doch das schloss nicht ein das Herbeischaffen von Feuermaterial — nicht immer Holz, sondern auch brennbaren getrockneten Viehmist — und das Bereitlegen getrockneter Früchte.

Am nächsten Abend nach der Meditation, als die meisten begannen sich zur Ruhe zu begeben — wieder waren die Wohnstätten barackenartige, beschränkte Baulichkeiten, von denen einige aber nur Wände aus abgehobenen Grasstreifen hatten, die einfach übereinandergelegt waren, worüber dann ein Holzdach kam, darüber Steine und darauf wieder abgehobene Grasstreifen; das Holz der Bedachung bestand aus einem Baumaterial, das nur langsam verfaulte —, sprach ich Bruder Xerx, der jeden Abend vor dem Einschlafen von Baulichkeit zu Baulichkeit ging und jedem eine „friedliche und geruhsame Nacht" wünschte, mit den Worten an:

„Sag' mir, lieber Bruder Xerx, wer hält denn alle die verschiedenen Unterkunftsstellen in Ordnung?"

„Wir selbst, mit Hilfe williger Talbewohner, denen wir ihre landwirtschaftlichen Produkte abkaufen. Du wirst während deiner Ausbildungszeit auch mal für eine Weile einer solchen Kolonne angehören. Dieser Marsch bildet für dich den Anfang des Trainierens für diese Aufgabe."

Am dritten Tage während unseres Marsches ging es während des ganzen Vormittags bergab. Es wurde merklich wärmer. War das Wetter bisher immer abwechselnd schön mit blendendem Sonnenschein und dann wieder mit kurzen Schneestürmen gewesen so erlebten wir gegen Mittag zum ersten Male seit dem Gewittersturm nebst Tornado im Tale beim Aufstieg zur „Stätte“ wieder den ersten Regenschauer. Und bald gab es im stellenweise schneefreien Geröll auch kurzes Buschwerk und sogar ganze Grasbüschel sowie eine unserer Anemone ähnliche weissblühende Pflanze. Das wirkte direkt wohltuend. Unsere Unterkunftsstätte am Abend war in einem ganz andern Milieu gelegen. Rings herum sah man grünes Gras und Strauchwerk und dazwischen bunt blühende wilde Blumen. Am Abend war es so mild — wenigstens kam es mir durch die Kontrastwirkung der letzten Tage so vor —, dass wir uns vor dem Bauwerk im Freien aufhalten konnten. Der Mond befand sich im Ersten Viertel und geisterte vom wolkenlosen Himmel herab. Rings umgaben uns die schneebedeckten Hänge und Hochgebirgsgipfel.

Ich strolchte etwas in der Umgebung herum. Ab und zu raschelte und huschte es um mich herum. Es waren Vertreter der Kleintierwelt, die, da nicht weiter menschenscheu, hier oben gewöhnlich warteten, bis man fast auf sie trat, ehe sie fortliefen. Ich drehte wieder langsam um und begab mich zur Baulichkeit zurück, von wo ein Feuerschein herausleuchtete. Der Mond erhellte die Landschaft genügend, um Felsgeröll ausweichen zu können. Plötzlich war mir, als ob ich Fauchen hörte. Ich blieb unwillkürlich stehen. Da hörte ich wieder ein knurrendes Fauchen, wie von verhaltener Wut. Ich war unschlüssig, was ich tun sollte, ob weitergehen, ob zurückgehen oder noch länger stehenbleiben. Da hörte ich die Stimme von Bruder Xerx, der mich rief. Ich traute mich nicht, ihm zu antworten, weil ich fürchtete, das Etwas, das mich anfauchte, damit noch mehr zu ergrimmen. Ich blieb still, dachte aber stark an Bruder Xerx und wünschte ihn herbei. Und wirklich, er kam auch.

„Was hast du, Bruder Amo?“ fragte er schon von weitem.

Ich wollte nicht antworten, doch da fiel mir ein, dass ich ja Bruder Xerx warnen musste. Doch ehe ich das tun konnte, hörte ich ihn schon neben mir, mich ruhig anredend:

„Es ist schon gut, Bruder Amo, du brauchst keine Bange mehr zu haben. Es ist ein Schneetiger, dessen Pfad du gekreuzt hast. Da du noch nicht jene Aura um dich hast, die wir alle um uns haben, die wir mehrere Jahre bei der „Stätte“ weilen, so fühlte der Schneetiger in dir einen Feind. Uns tut er nichts, weil er weiss, dass wir niemandem irgendwelche Gewalt antun. Komm mal her und sieh."

Ich trat näher. Bruder Xerx stand unmittelbar neben einem riesigen Schneetiger, der sich ruhig von Bruder Xerx das Fell streicheln liess. Mich beachtete das Tier einfach nicht.

Beim langsamen Zurückgehen zur Unterkunftsstätte fragte ich Bruder Xerx, ob es nicht doch vorkommt, dass ein Tiger auch mal jemanden von der „Stätte" anfallen würde.

„Theoretisch wäre das freilich möglich, wenn einer von uns ein solches Tier beim Fressen seiner Beute stören würde. Das tun wir aber nicht. Und wenn gesättigt, respektive nicht hungrig, tun uns die wilden Tiere nichts, die durch die von uns ausstrahlende Aura beruhigt und besänftigt werden."

„Fühlt ihr so friedlich gegen alle Tiere?"

„Ja, warum?"

„Weil mir da wieder einmal — was du bestimmt als typisch deutsch bezeichnen wirst — ein Gedanke kommt, mit dem ich nicht recht ins Reine kommen kann. Warum müssen die Tiere sich gegenseitig zerreissen und töten, um sich zu ernähren? Ist das nicht grausam?"

Bruder Xerx lächelte, als er erwiderte:

„Du hast recht: das war wieder einmal ‚typisch deutsch'! Ebenso könnten wir aber die Frage stellen: Warum fliesst das Wasser bergab und nicht bergauf? Warum fallen wir nicht in den Weltenraum, wenn die Erde bei ihrer Umdrehung nachts scheinbar nach unten mit ihrer Oberfläche gerichtet ist? Damit wir uns frei bewegen können im Entscheiden, müssen wir eben in einer Umgebung existieren, die gewissen Gesetzmässigkeiten unerschütterlich unterworfen bleiben muss. Einige solcher Gesetzmässigkeiten sind die von mir erwähnten Beispiele und auch das gegenseitige Voneinanderleben unter den Tieren. Das lässt sich nicht ändern."

„Trotzdem bleibt es eine Grausamkeit."

„Ja und nein! Grausam nur von deinem jetzigen Standpunkt. Nicht grausam, vom Standpunkt der Tiere selbst betrachtet. Ein Tier, besonders auf einer noch tiefen Entwicklungsstufe stehend, empfindet das Sterben nicht wie wir. Es kennt keine Todesfurcht, die nur bei höheren Tieren ab und zu anzutreffen ist, am häufigsten bei Haustieren, die im ständigen Kontakt mit Menschen stehen. Was sollte wohl aus den Millionen und Milliarden von Käfern und Kleintieren werden, wenn sie nur an Altersschwäche zu sterben hätten? Ausserdem erfüllen die Seelen solcher Tiere, die noch sehr unentwickelt sind, mit ihrem Sterben eine „Entwicklungsaufgabe" für sich. Du siehst, dass die Tiere am zahlreichsten vorhanden sind, die am unentwickeltsten sind. Tiere haben zunächst nur eine Gruppen-Seele, aus der heraus sich dann eine individuelle Einzelseele zu entwickeln beginnt durch Verschmelzen von so und so vielen Einzeltier-Seelen ihrer Art zu einer höheren Art, die aber auch wieder ihre eigene Gruppenseele besitzt, aus der durch Verschmelzung mehrerer solcher Seelen dann wieder eine Seele noch höherer Tierart hervorgeht. Aus dieser Entwicklung von unten herauf bildet sich dann zunächst eine „Naturseele", aus der dann eine Menschenseele entsteht, die also ganz irdischer Natur ist, aber als Kleid des Geistes vergeistigt werden kann und dann ein ständiges Kleid des jeweiligen individuellen Menschengeistes bleibt mit der vollen Erinnerung an alle Entwicklungsstufen durch die Schöpfung. Der Menschengeist dagegen ist unmittelbar aus Gott hervorgegangen. Kein Tier, auch das höchststehende nicht, hat einen individuellen Geist von Gott. Und wenn du einmal einen Menschen beobachtest, kannst du manchmal schon durch dessen äusserliches Aussehen wahrnehmen, welche Hauptingredienzien aus dem Tierreich seine Seele aufweist, die, wie erwähnt, nur das durch die Erdentwicklung herausgebildete Kleid darstellt, das erst eins mit dem Menschengeist wird bei der ‚geistigen Wiedergeburt'. Daher ist die menschliche Seele wohl unsterblich nach dem irdischen Tode; doch sie kann im Verlaufe von Millionen von Erdenjahren im Jenseits immer noch der Zerstörung, dem sogenannten endgültigen ‚zweiten Tode', verfallen, der dann der eigentliche wirkliche Tod, das gänzliche Ausgelöschtsein, ist. Der Geist aber auch in solcher Menschenseele wird damit nicht vernichtet, da Geist niemals vernichtet werden kann. Der Geist kehrt wieder zu Gott zurück, aber ohne die Erfahrung seiner individuellen Menschentwicklung. Doch das wird dir später ebenfalls klarer werden als wie es hier durch Worte ausgedrückt werden kann. Im

Verlaufe deiner bevorstehenden jahrelangen Studien wird dir das, wie auf einmal, von selbst einleuchten. Siehst du nun ein, warum es ist, dass, je tiefer stehend das Tierreich ist, desto grösser die Zahl der Tiere sein muss? Weil deren Seelen als Fundament für die Seele eines höher entwickelten Tieres und von diesem wieder mehrere Seelen als Fundament einer Seele einer noch höheren Tierart und so fort bis zur Menschenseele hinauf zu dienen haben. Der unvergängliche ewige Geist dagegen tritt in eine Seele erst ein, wenn eine solche durch lange, lange Entwicklung heraufgewachsen ist bis zur Menschenseele. Vielleicht erinnerst du dich, dass gerade eure deutschen Witzblätter, wie mir einst Meister Z zeigte, unbewusst für die Zeichner, diesen Gedanken der seelischen Aufstiegs-Entwicklung in ihren Tierbildern wiedergeben, indem in den Zeichnungen bestimmter Menschen-Typen die passenden Tiergestalten festgehalten sind, die sich aber wie Menschen gebärden. Solche Witzblattzeichnungen sind besonders in Deutschland beliebt gewesen und zeigen, wie im Grunde — unbewusst für die meisten — gerade das deutsche Volk instinktiv-mystisch veranlagt ist. Doch genug davon!“

„Nur noch eine Frage, lieber Bruder Xerx! Danach hätte ja Professor Darwin mit seiner Entwicklung der Arten ganz recht?“

„Scheinbar ja, wenn er nur die Entwicklung der Körper- und Seelenform gemeint hätte. Beide sind durch Entwicklung irdischen Ursprungs. Falsch ist aber Darwin dagegen in der Annahme, dass sich der Menschengeist ebenfalls von unten herauf entwickelt hätte. Das stimmt nicht. Jeder Menschengeist kommt direkt von der göttlichen Urquelle des Seins und durchdringt die Materie von oben her. Geist als solcher ist göttlich und kann sich nicht entwickeln. Sein Entwickeln besteht im Durchbrechen der seelischen und körperlichen Hülle, in der ein Menschengeist wirkt durch ‚seelische und körperliche Vergeistigung‘. Dieser ‚Vergeistigungs-Prozess‘ ist das, was wir auf Erden von unserm irdischen individuellen Standpunkt gesehen als seelische und geistige Entwicklung bezeichnen, die aber, wie erklärt, in Wirklichkeit keine Entwicklung von unten herauf mehr ist, sondern ein Hineindringen, also ein Entfalten von oben her darstellt.“

Ich hatte genug zum Nachdenken für eine ganze Weile und grübelte noch lange über das Gehörte nach, ehe ich endlich in einen tiefen, traumlosen Schlaf versank, aus dem ich am Morgen wundervoll gestärkt aufwachte.

Am nächsten Tage ging es bei blendendem Sonnenschein weiter durch die freundliche Gegend. Das Tal weitete sich zu einem Plateau mit frischem Graswuchs, der wie ein ausgebreiteter Teppich wirkte, während die blühenden buntfarbigen Blumen wie ein Muster auf dem Teppich der Natur eingewirkt erschienen. Auch einige Weidenbäume standen an den Ufern von Bächen und kleinen Flussläufen, die aus den Gletschern kamen, die in die Seitentäler hinabführten. Allerhand Gebüsch unterbrach gleichfalls den Landschafts-Charakter hin und wieder. Selbst vereinzelte Birken tauchten auf. Am Spätnachmittage ging es in ein Seitental hinein und wieder bergaufwärts. Vor uns im Hintergrunde stieg abermals fast kerzengerade eine riesige Gebirgswand an, deren Hänge tief unter Schnee vergraben lagen. Um die Hochgipfel wogten dunkle Wolkenbänke, die aber nicht weiter ins Tal hineindrangen. Die Sonnenstrahlen spiegelten sich auf den Schneewänden so stark wieder, dass das Tal in ein besonders grelles Licht gerückt zu sein schien. Da das Tal, das immerhin ziemlich breit war, bald etwas anstieg, bald sich wieder etwas senkte, so vermochte man nicht weit vorauszusehen. Als es begann finster zu werden, tauchten vor uns, fast unmittelbar an die Gebirgswand angelehnt, massive Baulichkeiten auf. Es nahm sich aus wie ein umfangreiches Lama-Kloster. So war es auch. Wir zogen durch ein Tor und bekamen ein schönes, grosses Gebäude für die Nacht zugewiesen. Wir wurden freundlich empfangen, doch es war schon zu finster, um die Bewohner deutlich wahrnehmen zu können. Ausserdem war ich auch recht müde, da wir einen ziemlichen Tagesmarsch hinter uns hatten.

* * *

DER „EREMIT“ BEGEGNET SEINEM „ZWEITEN ICH“.

Nach einer gut verbrachten Nacht erwachte ich morgens gestärkt, gerade als ich geweckt werden sollte. Als ich ins Freie trat, wurde es Tag. Es war nicht kalt. Der Himmel war bezogen und zeigte ein grelles Morgenrot, kein günstiges Zeichen für gutes Wetter.

Man schien auch mit dem Aufbruch zu zögern, denn wir waren nach dem Frühstück schon angetreten, und noch immer liess sich Bruder Xerx nicht sehen. Es fühlte sich aber niemand beunruhigt. Endlich erschien er und teilte uns mit:

„Wir werden heute nicht weit vorwärts kommen, da ein schweres Unwetter zu erwarten steht. Von jetzt an geht es wieder ins Hochgebirge hinein, und wir müssen den dort oben zu erwartenden schweren Schneesturm vorübergehen lassen. Wir werden nur zu der drei Wegstunden entfernten Karawanserei ‚Mu‘ marschieren und uns dort für einen dreitägigen Aufenthalt vorbereiten. Hier können wir nicht bleiben, da eine andere Karawane erwartet wird.“

Wir brachen danach auf. Bald fing es an, leise zu regnen. Der Himmel verfinsterte sich immer mehr. Es ging wieder bergaufwärts, und nach etwa einer halben Stunde war der Regen mit Schnee untermischt, und eine weitere Viertelstunde später waren wir schon im schönsten Schneefall drinnen. Es war aber windstill, und der Schnee fiel nicht dicht.

Nach etwa drei Stunden trafen wir vor der Karawanserei „Mu“ ein, auf einem ausgedehnten Plateau gelegen, wo der fallende Schnee wieder liegen geblieben war und eine fast drei Zoll hohe Decke geschaffen hatte.

Bald waren wir häuslich eingerichtet, und jeder ging seiner eigenen Beschäftigung nach, d. h. er bereitete Feuer, kochte Wasser, oder sass herum und las, beziehungsweise unterhielt sich. Einige tibetanische Träger schienen sich Schnurren zu erzählen, denn sie lachten.

Mir war weiter keine Aufgabe zugeteilt worden, und so begann ich wieder, draussen herumzustrolchen. Trotz des Schneefalles war es nicht kalt, zumal kein Wind wehte. Jetzt liess der Schneefall fast ganz nach. Das niedrige Gewölk hob sich, und man sah die

Umgebung. Wir befanden uns im oberen Teil eines vom Hochgebirge nach unten tief einschneidenden weiten Tales, das irgendwo unter uns in Schluchten verschwand. Auf der andern Seite stiegen ebenfalls drohend steile schneebedeckte Hänge an. Da durchdrang für kurze Zeit die Sonne die finstere Wolkendecke und zauberte Lichtwirkungen hervor, die einfach grandios waren. Bald schloss sich die Wolkendecke aber wieder, und es wurde ganz finster. Plötzlich durchzuckte ein Blitzstrahl die Landschaft. Unmittelbar folgte ein furchtbarer Donnerschlag, dessen Echo immer wieder von den Felswänden zurückgeworfen wurde. Und da brach plötzlich ein Unwetter los, wie es eben nur im Hoch-Himalaya möglich ist.

Im Handumdrehen war alles in Schneestaub gehüllt. Der Sturm heulte; die Blitze zuckten; der Donner rollte, und es wurde eisig kalt. Ich wollte schnell zu den Gebäuden der Karawanserei zurück, doch ich wusste nicht mehr, in welcher Richtung ich gehen sollte. Dabei schnitten die scharfen Eisnadeln wie spitze Nadeln in meine Haut; der Sturm warf mich fast um, und die grellen Blitze, deren Lichtschein sich an den Schnee- und Eiskristallen brach und in allen Farben des Regenbogens erstrahlte, blendeten mich fast. Plötzlich gab es einen besonders grellen Blitz und gleich darauf ein Krachen, dass die Erde erzitterte. Ich hatte das Gefühl, ich war vom Blitz getroffen worden. Was weiter mit mir geschah, weiss ich nicht mehr.

Als ich wieder zu mir kam, lag ich ausgestreckt auf einem Lager in der Karawanserei, und neben mir sass jemand, der sich mit jemandem andern zu unterhalten schien. Dieser hielt sein Gesicht abgekehrt von mir. Die Person hielt jedoch meine Hand. Es war eine weiche Hand, und es war mir, als ob ein besonders warmer Strom von dieser Hand ausging.

Ich hörte, wie der Sturm draussen um das Gebäude heulte. Im Raum selbst sassen die Träger umher, sich untereinander teilweise leise unterhaltend, teils lesend oder betend. Plötzlich wurde ich mir bewusst, dass von mir gesprochen wurde in einer Sprache jedoch, die ich nicht verstand. Ich nahm nun wahr, dass das Gespräch zwischen der auf meinem Lager sitzenden Person und Bruder Xerx geführt wurde.

Ich war müde und schlief wieder ein.

Als ich aufwachte, erfuhr ich, dass es draussen Tag sei, aber ein gewaltiger Schneesturm herrsche, so dass wir noch dableiben müssten. Ich richtete mich auf. Da sah ich Bruder Xerx auf mich zukommen. Er reichte mir die Hand und fragte mich, wie mir zumute sei.

Als ich ihm wahrheitsgemäss berichtete, bemerkte er:

„Weisst du, dass du vom Blitz getroffen wurdest?"

„Was?" fragte ich erstaunt und überrascht.

„Ja, doch er tat dir nichts."

„Ist das eigentlich nicht sonderbar?"

„Nicht so aussergewöhnlich. Es kommt oftmals vor, dass ein Blitzstrahl keinen Schaden anrichtet, nämlich dann nicht, wenn man keine Furcht hat, vom Blitz getroffen zu werden. Du hattest keine Furcht, da du dir der Gefahr nicht bewusst warst und du, ohne es zu wissen, schon ein gewisses Vertrauen besitzest, dass du irgendwie als Schüler eines Meisters geschützt bist."

„Werden solche Schüler nicht vom Blitz getroffen?"

„Doch, es mag auch geschehen, aber nur dann, wenn jemand kein Vertrauen und damit auch nicht jenes absolute Unbesorgtsein besitzt, wie du es hattest. Vielleicht ist es dir nicht bekannt, dass z. B. Kinder lange nicht so häufig vom Blitz getroffen werden wie Erwachsene. Ja, es kommt sogar häufig vor, dass, wenn eine Mutter, die ihr Kindchen auf dem Arm hat, vom Blitz getroffen wird, die Mutter getötet werden mag, das Kindchen aber nicht die geringste Verletzung erleidet."

„Wie ist das möglich?"

„Zwischen den elektro-magnetischen Gesetzen und auch denen der Erdschwere besteht nach okkulter Anschauung ein gewisses Verbundensein-Verhältnis, das bei einer bestimmten Geistes-Einstellung durch den Menschen unbewusst beeinflusst werden kann. Aber auch davon wirst du bei deiner weiteren Ausbildung mehr erfahren."

Ich gab mich damit zufrieden. Doch da fiel mir plötzlich die

Person ein, die gestern auf meinem Lagerrand gesessen hatte. Ich fragte Bruder Xerx danach.

Er sah mir gespannt ins Gesicht und bemerkte schliesslich, mich dabei im Auge behaltend:

„Es war dein zweites Ich."

Ich begriff nicht. Bruder Xerx sah das und fuhr erklärend fort:

„Es war deine letzte Frau von deiner früheren Reinkarnation auf dem andern Planeten, wo du mit Meister Z so eng befreundet warst, eure Wege sich dann aber durch deine Heirat trennten."

Ich wusste eigentlich nicht so recht, was ich darauf erwidern sollte, fragte aber schliesslich, um überhaupt etwas zu sagen, in recht banalem Tone:

„Nanu, wo kommt die denn auf einmal her?"

Die Frage muss so plump gewirkt haben, dass Bruder Xerx laut auflachte:

„Du scheinst ja gerade keine so grosse Meinung von deiner ehemaligen Frau und deinem ‚zweiten Ich' zu haben."

„Nicht, solange ich nicht weiss, wie diese ehemalige Frau, respektive mein ‚zweites Ich' aussieht."

„Du wirst dieser Person kurz vor unserm Abmarsch begegnen. Sie hält sich zur Zeit hier in einem Nachbarraum auf. Sie gehört dem Frauenkloster an, wo wir eine Nacht blieben, ehe wir hierher weiterzogen."

Also das war das Frauenkloster gewesen, vor dem mich Bruder Gustav gewarnt hatte.

Ich war wirklich neugierig, wie mein ‚zweites Ich', respektive meine bessere Hälfte auf einem andern Planeten in Wirklichkeit aussah.

Doch ich musste darauf noch etwas warten.

Der Schneesturm liess zwar in der nächsten Nacht nach; doch erst am Tage darauf gegen Mittag begann es sich aufzuklären, und zwar so langsam, dass die am Nachmittage scheinende Sonne noch nicht viel von dem gefallenen Schnee wegzutauen vermochte. In der Nacht darauf wurde es bitter kalt. Am nächsten Tage jedoch war es fast ganz windstill, und es erwärmte sich schnell. Gegen Mittag hielt ich mich vor dem Gebäude auf im Freien. Es war ein Hochgenuss für einen Naturfreund, wie ich es bin. Die Lichtreflexe auf den tief verschneiten Hängen waren einfach wundervoll. Ab und zu umhüllte eine leichte, schnell ziehende weisslich-graue Wolke die Berggipfel, die aber immer bald wieder gegen den lichtblauen Himmelshintergrund sichtbar wurden. Dazu durchrollte ununterbrochen, wie schwerer Donner, wuchtiges Krachen und Dröhnen die Landschaft. Es waren das herabfallende Lawinen, die in die tiefen Täler hinabglitten. Alles nahm sich aus wie eine andere Welt. Erst als es gegen Abend ging, hörte das Niedergleiten der Lawinen auf, da infolge des wieder einsetzenden Frostes die Schneemassen zusammenfroren.

Am nächsten Morgen hiess es, dass wir am Nachmittag aufbrechen würden, um vier Wegstunden weiterzuziehen nach einer andern Karawanserei, von wo aus wir ein langsam ansteigendes Hochplateau erreichen würden, auf dem dann das Weiterschreiten nicht so schwer sein würde, zumal wir für mehrere Tage das allerschönste Wetter zu erwarten hätten.

Wir machten uns also langsam fertig zum Abmarsch, und gegen Mittag waren wir bereit und warteten nur auf Bruder Xerx, um zum Losmarsch aufzufordern und voranzuschreiten.

Er kam auch, musterte unser Gepäck, unsere Lasten und uns selbst und begab sich an die Spitze unserer Marschreihe. Ich dachte gar nicht mehr daran, dass ich ja vor dem Weitermarsch meine ehemalige Frau sehen sollte.

Gerade als ich meine Last aufhob, fühlte ich mich am Arme berührt. Ich sah mich um und sah in ein ernstes Gesicht, das mich ruhig, aber sehr freundlich ansah. Ich war so erstaunt, dass ich nichts zu sagen vermochte, und sah meinem Gegenüber ebenfalls in die Augen. Wir beide redeten nichts. Doch ein eigentümliches Gefühl überkam mich. Ich mochte mir aber noch so grosse Mühe geben: ich konnte aus dem Gesicht meines Gegenübers nichts herauslesen oder feststellen, ob die Person hübsch oder hässlich, interessant oder uninteressant, geistreich oder nicht geistreich war. Nur fühlte ich mich magnetisch angezogen und starrte wie gebannt dauernd in das sich mir zuneigende Antlitz.

„Lasst es damit für diesmal genug sein“, hörte ich eine Stimme neben mir.

Es war Bruder Xerx, der zu uns getreten war, mein Gegenüber leicht am Arm berührte und durch freundliches Kopfnicken bedeutete, mich nun allein zu lassen. Und ehe ich noch irgend etwas zu sagen vermochte, hatte sich meine ehemalige Frau auch schon wieder entfernt.

„Nun, wie gefällt dir dein ‚zweites Ich‘?“ hörte ich da plötzlich Bruder Xerx mich fragen.

Doch ich war noch immer wie gelähmt und merkwürdig unfähig, irgend etwas zu sagen oder zu tun.

Da klopfte mir Bruder Xerx freundlich auf die Schulter, und der Bann wich. Zur selben Zeit entfernte er sich von mir und begab sich nach der Spitze unserer Marschkolonne, die sich in Bewegung zu setzen begann.

Ich marschierte zunächst wie im Traum mit. Erst allmählich kam mir das eben Erlebte voll zum Bewusstsein. Doch seltsamerweise konnte ich über das ganze Zusammentreffen nicht klar denken, und vergeblich versuchte ich, mir irgendwelche besonderen Züge in dem Gesicht meiner ehemaligen Frau durch Erinnerungen zurückzurufen. Es ging und ging nicht. Ich sann und sann, grübelte und grübelte nach, mir das Gesicht noch einmal vorstellbar zu machen. Es ging nicht. Da blitzte es plötzlich in mir auf: War das vielleicht deswegen, weil diese meine ehemalige Frau gleichzeitig mein ‚zweites Ich‘ war? Ja, das mag die Ursache gewesen sein. Aber warum dann alles so verschwommen? Da sollte eigentlich doch erst recht mir alles bekannt und vertraut vorgekommen sein!

Ich kam mit mir nicht ins Klare, grübelte aber weiter und achtete so nicht auf unsern Weg, spürte jedoch, dass es immer wieder bergauf ging. Es war angenehm in der Sonne. Der Schnee lag stellenweise zwar tief, doch war er an andern Stellen vom Sturm wieder ganz fortgeweht. Die Luft war sehr ozonreich, und es gab nur einen leichten Luftzug.

Nach etwas mehr als vier Stunden trafen wir wieder vor einer Karawanserei ein. Wir luden ab, bereiteten uns unser Mahl und unsere Lagerstätte. Ich war schnell mit meinen Arbeiten fertig und ging wieder, wie ich es immer tat, wenn ich beim Rasten Zeit hatte, vor der Baulichkeit auf und ab spazieren.

Noch immer hatte ich keine Klarheit erhalten über das Zusammentreffen mit meiner ehemaligen Frau alias meinem ‚zweiten Ich'. Ich war aber ruhiger und tröstete mich mit dem Gedanken, es wird schon alles seine Richtigkeit haben, und die Erklärung wird sich wohl mit der Zeit von allein irgendwie ergeben.

Da nahte Bruder Xerx, lächelte mich spitzbübisch an und fragte:

„Wie bist du dir denn so vorgekommen, als du dir selbst gegenüberstandest?"

„Recht einfältig und dumm", antwortete ich wahrheitsgemäss.

Bruder Xerx lachte laut auf in seiner heiteren, frohen Weise, fragte aber plötzlich: „Willst wohl jetzt gern etwas mehr über die Zusammenhänge bei diesem merkwürdigen Zusammentreffen hören?"

Ich versicherte Bruder Xerx, dass mir nichts lieber wäre als einen Aufschluss zu erhalten, wie es wohl gekommen sei, dass ich beim Zusammentreffen mit meinem ‚zweiten Ich' so gar nichts Aufrüttelndes und Aufwühlendes gespürt hätte. Dass sich alles so nahezu gleichgültig abspielte.

„Siehe," begann da Bruder Xerx, „das hat seinen bestimmten Grund wie alles, was sich im Zusammenhang mit unserer seelischen und geistigen Entwicklung um uns und in uns abspielt. Die grosse Gleichgültigkeit und das Uninteressiertsein, das du empfandest, hat seinen Grund darin, dass du dir im Grunde eigentlich noch selbst ein Rätsel bist. Du bist in die Entwicklungs-Schule des Meisters Z eingetreten, aber noch nicht recht vorwärts gekommen. Noch bist du sozusagen in der Vorbereitung, und erst wenn wir von dieser Reise zurückgekehrt sind, wird deine Unterweisung beginnen. Daher konntest du in den Zügen deines ‚Ichs' auch nichts erkennen. Dein Inneres ist sozusagen noch ganz nichtssagend, gleichgültig und unerfahren. Damit ist aber durchaus nicht gesagt, dass dein ‚zweites Ich', das mit dir zusammen war als deine ‚einstige Frau' in deinem letzten Leben auf einem andern Planeten, auch nicht weiter entwickelt ist als du es bist. Im Gegenteil, sie ist dir sehr, sehr weit voraus. Doch erst wenn du dich ihrem schon erreichten Entwicklungs-Stadium zu nähern beginnst, wirst du das Leben in den Zügen deiner ehemaligen Frau als ‚zweites Ich' bemerken. Deine ehemalige Frau, dein ‚zweites Ich', ist in Wirklichkeit nämlich von einer Schönheit, die du dir überhaupt nicht vorstellen kannst, weil du sie nicht wahrzunehmen vermagst. Wenn du erst so weit wie sie, also wie dein ‚zweites Ich', vorgeschritten sein wirst, wird auch dein Aeusseres, dein Körper, von einer fast überirdischen proportionellen männlichen Schönheit sein. Und hast du dein ‚zweites Ich' im Erkennen erst erreicht, so werdet ihr beide die ‚ewige Ehe' eingehen, die nie mehr getrennt werden kann, und ihr werdet dann euch einander so ähnlich sein im Aeusseren und auch im harmonischen Handeln, dass ihr Fernstehenden oftmals als eine einzige Person erscheinen werdet, was ihr auch seid, wenn ihr in himmlischer Harmonie zusammenarbeitet. Aber ihr werdet beim Wirken nach Aussen hin trotzdem zwei Individualitäten bleiben, da ihr beide trotz grösster Harmonie zwei kosmische Kräfte seid und bleibt, die in einer Einheit verkörpert sind, zwei kosmische Kräfte, die aber getrennt unbedingt nötig sind zum Wirken auf verschiedenen Daseins-Ebenen."

„Offen gestanden, ich werde daraus nicht klug."

„Das glaube ich dir gern, und doch wird dir einst alles so selbstverständlich erscheinen und vorkommen, dass du dich noch wundern wirst, warum dir das nicht früher schon klar zu sein vermochte."

„Nach deinen Ausführungen zu urteilen hätte ich also mein ‚zweites Ich' nicht wirklich gesehen, obgleich das Antlitz nicht verhüllt war!"

‚Ja und nein! Ja insofern, als das Antlitz tatsächlich nicht verhüllt war; nein, weil du es nicht richtig zu sehen vermochtest, da dein ganzes Weltbild ja noch verschwommen und ohne jeden inneren Zusammenhang ist. Angenommen, du besteigst einen hohen Berg und siehst von ihm ins Tal hinab. Du wirst wohl von dem Weitblick überrascht sein, doch von dem, was sich da deinem Blick erschliesst, hast du so lange keinen rechten Begriff, bis du nicht weisst, wo sich dieser Berggipfel befindet und welche Gegend es ist, die vor dir ausgebreitet liegt. Bist du aber darüber geographisch und geschichtlich, vielleicht auch geologisch, klimatisch und bezüglich Flora und Fauna dieser Gegend belehrt, so siehst du in diesem Weitblick wirklich bisher Ungeahntes. Du bemerkst vorher nicht historisch bedeutungsvolle Schlachtfelder, geologisch interessante Plateaus, die einst von Urwelt-Tieren besonders stark bevölkert waren; du sahst auch nicht die Dschungel, die den grösst-möglichen Reichtum an Tieren aller Art bergen und in denen die allerseltensten tropischen Pflanzen wachsen und gedeihen. Du siehst das alles erst, wenn du die erforderlichen Kenntnisse besitzt. Der Ausblick von dem Berggipfel wird erst dann reichhaltig und vielgestaltig sein und mag noch andere Schönheiten als landschaftliche offenbaren, was dir aber erst zum Bewusstsein kommen mag, wenn du gleichzeitig noch andere Einblicke suchst, wie geschichtliche, geographische, geologische usw. Weisst du nun, was ich meine?"

„Mit anderen Worten: Nur Gleichartiges kann Gleichartiges erkennen", entgegnete ich.

„So ungefähr. Siehe, wenn du als Laie in eine Versammlung von Wissenschaftlern kommst und du bist mit dem Wissenszweig nicht so vertraut, so verstehst und begreifst du kein Wort von der Konversation. Es ist als ob man in einer fremden Begriffs-Sprache zu dir redet. Ebenso verstehst du die Begeisterung dieser Wissenschaftler nicht für deren abstrakte Begriffe, an denen auch du nicht das geringste wirklich Interessante zu entdecken vermagst."

„So glaubst du, dass ich später, wenn ich weiter fortgeschritten bin, überhaupt erst begreifen werde, was sich hinter der mir gänzlich unverständlich gebliebenen Physiognomie meines ‚zweiten Ichs', meiner ‚ehemaligen Frau', verbirgt?"

„Ja, so ist es.“

Damit hatte ich erneuten Stoff zum Nachdenken und Grübeln. Der Rest der Reise endete zwei Tage später an unserm Bestimmungsort, einem mit üppigem Baum-, Strauch- und sonstigem Vegetations-Wuchs ausgestatteten Hochgebirgstale, wo sich mehrere Ortschaften befanden und wo ein verhältnismässig reges Leben herrschte. Es schienen sich dort die Vertreter aller hochasiatischen Rassen zu begegnen. Es gab dort die hochgewachsenen Sikhs aus Nord-Indien, Burmanesen, Tibetaner, Chinesen, Turkomannen und undefinierbare Rassen-Vertreter aus den Hochgebirgs-Tundren des südlichen Sibiriens.

Ich mischte mich unter die Menschen und besuchte verschiedene Basare. Es war ein faszinierendes Bild, dieses bunte Durcheinander von Menschen mit einem Hintergrund von schneebedeckten hohen Gebirgs-Massiven im Süden, woher wir herunterkommen waren — der letzte Tagesmarsch hatte einen sehr steilen Abstieg gebracht — und darüber ein herrlich satt-blauer Himmel. Die Sonne schien vom wolkenlosen Firmament, doch war es nicht heiss, da eine Nord-Brise wehte, gerade genug, um die Bäume und Sträucher leise zu bewegen. Nur die schlanken, dünnen Aeste der Weiden schwankten im Winde stärker hin und her.

Abends fanden sich die Mitglieder unserer Reise-Expedition alle wieder in derselben Karawanserei zusammen. Bruder Xerx schien sehr beschäftigt zu sein. Auch die andern verluden Waren. Mir allein war keine Aufgabe zugeteilt. Als ich mich deswegen — sozusagen — beschwerte, bedeutete mir Bruder Xerx freundlich:

„Siehe dich nur recht um. Das ist vorläufig für dich wertvoller als Lasten zusammenzupacken. Vielleicht lernst du bei deinem Herumgehen und Dich-Umschauen noch so mancherlei.“

Er sagte das so eigenartig, dass ich das Gefühl hatte, als ob ich etwas Besonderes erleben sollte.

Und das war auch der Fall.

Am dritten Tage am Spät-Nachmittag bummelte ich etwas in

einem Vorort umher und folgte wie ein gemütlicher Spaziergänger dem gewundenen Lauf eines sprudelnden Gebirgsflüsschens, das aus dem Hochgebirge im Süden herunterkam. Die Ufer waren mit Gras bewachsen. Ausserdem gab es Gruppen von Gestrüpp, einzelne Bäume und auch Gruppen von einer Art von Trauerweiden und kleine Birken-Wäldchen. Dieses Hochgebirgstal war klimatisch besonders begünstigt, zumal sich auch heisse Quellen in der Nachbarschaft befinden sollten.

Als ich so am Ufer entlangschlenderte, stiess ich plötzlich auf einen Fakir, der auf einem kleinen Teppich in der typischen hockenden Stellung dasass und gedankenvoll geradeaus sah. Ich wollte leise zurückgehen, um ihn nicht zu stören, als er mich auf English ansprach:

„Bleibe nur ruhig hier, Bruder. Du bist mir nicht unbekannt denn du kommst von der ‚Stätte des Meisters Z', mit dem ich oftmals in Verbindung stehe."

Ich war nun schon lange genug in Asien, um zu wissen, dass das "In-Verbindung-Stehen" auf mancherlei Weise möglich sein kann, teils durch persönliche Besuche, teils nur seelisch oder geistig Ich antwortete nichts. Darauf forderte mich mein Gegenüber auf.

„Setze dich hin, hier mir gegenüber. Ich habe dir etwas mitzuteilen. Du wirst ein langes Leben führen, gegen Ende deines Lebens auf einem andern Erdteil weilen und dich ganz plötzlich angeregt fühlen, deine Lebens-Philosophie denen zu enthüllen, die auf diesem andern Kontinent zwar wohnen, dorthin aber aus deinem Ursprungslande einwanderten. Du wirst das deswegen tun, weil gegen Ende deines Lebens die ganze Welt durch ein furchtbares Erlebnis gehen wird, das nach schweren, schweren Leiden endlich eine bessere Welt hervorbringen wird. Du wirst diejenigen, die aus deiner eigenen Heimat stammen, trösten und aufrichten wollen. Und du wirst gut daran tun, denn daraus mag noch einmal sehr viel Gutes kommen."

Ich schwieg und wartete auf weitere Enthüllungen. Solche kamen auch, doch befassten sich diese dann mit meinem bevorstehenden Entwicklungsgang und berührten Probleme und Entwicklungs-Phasen, die ich bei meinem weiteren Studium würde durchzumachen haben, über die ich jedoch nicht schreiben kann, da sie Fernstehenden doch verständnislos bleiben müssten. Seltsamerweise sah ich bei seinem Sprechen jede einzelne Entwicklungsphase, die er beschrieb, visuell vor mir und „erlebte" sie sozusagen schon im voraus.

„Ich gebe dir diese Aufklärung auf Wunsch des Meisters Z, damit du weisst, was du durchzumachen hast, ehe du als wirklich ‚ausgebildet' die Stätte des Meisters Z verlassen kannst."

Als mein Gegenüber darauf wieder in scheinbare Teilnahmslosigkeit verfiel, bedankte ich mich und ging leise fort.

Nachdenklich kehrte ich nach der Karawanserei zurück, nachdenklich deswegen, weil das, was ich zu lernen und zu „meistern" haben würde, mir fast undurchführbar erschien. Ich legte mich frühzeitig auf mein Lager und grübelte immer noch über das Gehörte nach. Doch da trat „Bruder Xerx" an mein Lager, sah mich in seiner freundlichen Weise an und bemerkte:

„Sei nur nicht entmutigt, Bruder Amo, was dir jetzt so undurchführbar erscheint, wird sich im Laufe deiner Ausbildung ganz von allein ergeben."

Ich dankte Bruder Xerx für seine Aufklärung und schlief ein. Der Schlaf war tief und traumlos. Als ich am Morgen erwachte, durchströmte mich ein Gefühl des Ernstes und der Entschlossenheit, alles durchzumachen und zu lernen, was notwendig sein mochte, um ebenfalls ein „Meister" zu werden, nur zu dem Zweck, unerkannt und unauffällig meinen Mitmenschen helfen zu können im Dienste „Gottes als dem Herrn der Schöpfung". Mir ahnte, dass der Schöpfer mehr Menschen als aktive Mitarbeiter benötigte. Gott sollte mein „Ein und Alles" sein, und ich wollte versuchen, den Rest meines Lebens aus „freien Stücken" ihm völlig zu weihen, um das auszuführen, was zum Besten aller dienen könne. Ich wollte sein wie ein echter und tüchtiger Soldat, der gegebene Anordnungen einfach ausführt, ohne zu fragen: „Warum" und „Weshalb". Ich kam mir schon vor wie ein künftiger „Soldat des Himmels", wie ein „Soldat des Schöpfers", nur mit dem Unterschiede, dass ich das aus „freien Stücken“ sein wollte und nicht unter dem Zwange irgendeines „Muss“. Ich wollte mich meinem Schöpfer völlig weihen aus Hingabe und Liebe zu ihm.

Am nächsten Mittag traten wir mit unseren Lasten den Rückweg an, der uns durch dieselben Gegenden führte, wie beim Hinmarsch. Beim Frauenkloster machten wir diesmal jedoch nicht Halt, so dass ich keine Gelegenheit fand, mein „zweites Ich“ nochmals zu Gesicht zu bekommen.

Glücklich und ohne Zwischenfall erreichten wir wieder die Stätte des Meisters Z.

* * *

DER UNTERRICHT IN DER SCHULE DER „EINGEWEIHTEN“

Jetzt begann für mich eine Zeit der Ausbildung, die ich nicht vergessen werde, da sie die scheinbar eintönigste und geisttötendste Zeit meines ganzen Lebens darstellt. Ich sage „scheinbar“. Ich zweifle, ob irgendeiner, der diese Zeilen liest, die erste Ausbildungszeit überstanden haben würde. Mir wäre es vielleicht auch nicht gelungen, wenn ich als einstiger deutscher Offizier nicht gewusst hätte, dass diese scheinbar so banale Ausbildung in Wirklichkeit was anderes darstellt, nämlich das Erzwingen eines Gehorsams des Körpers auf Anregung der Seele und des Geistes, der Individualität. Erst wenn der Körper absolut unter Kontrolle gebracht war, erst dann konnte damit begonnen werden, auch die Seele unter die Kontrolle des Geistes, der Individualität, zu bringen. Während der Trainierung des Körpers und der Seele ging aber gleichzeitig auch ein Erwachen des Geistes, der Individualität, vor sich, die sich dabei immer mehr und mehr bewusst wurde ihres göttlichen Ursprungs und Einseins mit Gott, dem Schöpfer selbst. Voll erwacht ist sich der Geist, die Individualität, erst wirklich bewusst, dass sie völlig eins mit Gott ist, sozusagen ein von Gott festgehaltener Gedanke, der aber ewig bestehen bleiben wird, da Gott ja ewig ist. Alle Schleier, von denen der Geist der Individualität, zu ihrem eigenen Besten, bisher umhüllt gehalten wurde, fallen alsdann ab, und vor einem liegt, ausgebreitet wie ein Panorama, alles, was die Individualität bis jetzt erlebte, getan und gehandelt hat, alle Leben und Existenzen auf anderen Planeten und Sonnen, in anderen Daseins-Ebenen des sogenannten geistigen Reiches. Man versteht dann vollauf, warum man dies und das hatte durchmachen müssen, und amüsiert sich über seine eigene Beschränktheit, die einem dies und das nicht hatte verständlich erscheinen lassen, weswegen man sich widersetzt und damit nur sich selbst Widerwärtigkeiten und Leiden geschaffen hatte. Aber mit dieser Erkenntnis zugleich durchströmt einen auch eine solche Flut von Mitleid und Liebe für die noch nicht zu solcher Erkenntnis vorgedrungenen Menschen-Brüder und -Schwestern, dass einen nur ein einziger Wunsch beseelt: Helfen, helfen, helfen! Doch da man gottähnlich geworden ist, so weiss man, dass man nur raten, beraten und unterweisen, aber nie jemanden zwingen kann. Und so muss man mitansehen, wie sich jene Menschen, denen man sozusagen gern die ganze Schöpfung zugänglich machen möchte, wie man sie selbst als Wahrheit erkannt hat, scheinbar nicht darum kehren, weil ihnen noch das Verständnis dafür fehlt. Hat uns der Wunsch des Helfens zum Bewusstsein gebracht, warum Gott die Menschheit so liebt, die sich dabei gar nicht um ihn bekümmert, so wird uns, wenn wir mit unserer liebevollen Aufklärung und Belehrung bei unseren Menschenbrüdern und -Schwestern nun selbst nicht ankommen, auch klar, wie unendlich gross der Schmerz des Schöpfers erst sein muss, der die ganze Menschheit aus sich heraus gebildet und geschaffen hat und von diesen seinen Geschöpfen nun nichts weiter als Undank und schärfste Abweisung zurückerhält. Beim Abschluss meiner Ausbildung, als ich „Meister" geworden war, verstand ich auch, warum der Schöpfer Menschen geformt und in Erscheinung hatte treten lassen, nämlich um seinem unendlichen Liebesdrange Ausdruck verleihen zu können, denn was nützen ihm selbst alle Freuden und Schönheiten, wenn er sie immer nur allein geniesst und nicht gleichzeitig auch andere daran teilnehmen lassen kann, wodurch seine grenzenlose Liebe zur grenzenlosen Glückseligkeit verwandelt wird. Ich verstand aber auch den grenzenlosen, den kosmischen Schmerz, den derselbe Schöpfer empfinden muss, wenn er sieht, wie sich die von ihm geschaffene Menschheit eigenwillig selbst von all dieser Glückseligkeit absperrt aus Dummheit, Starrsinn und Arroganz. Er kann dabei nichts daran ändern, denn wahre Glückseligkeit kann nur erreicht werden durch freiwilliges Eingehen darauf und nicht durch Zwingen dazu. Im Augenblick, wenn Gott zwingen würde, hätte er den Menschen auch schon den freien Entscheidungswillen genommen und sie ihrer Anwartschaft beraubt, je seine Mitschöpfer und Helfer zu werden. Darum müssen auch Engel, das personifizierte Gute und Heilige, erst einmal Mensch geworden sein, ehe sie nicht nur einfach automatisch Gute und Reine sind, sondern das Gute und Reine ebenfalls aus „freier Wahl" und damit als „Kinder Gottes" tun und somit erst zu „Kindern Gottes" geworden sind, die selbst handeln und schöpfen und nicht bloss automatische Ausführungs-Boten Gottes darstellen.

Diese Einleitung ist vielleicht angebracht zum wirklichen Verständnis des Nachfolgenden. Oftmals taucht ja die Frage auf, warum ziehen sich die „Meister", „Eingeweihten" und sogenannten

„Heiligen“ von der Welt zurück, anstatt wie wir in und mit der Welt zu leben? Als „Meister“, als „Eingeweihte“ unter den Menschen zu leben, hätte gar keinen Zweck, da sie entweder ausgelacht, von zynischen Reportern verhöhnt, von der Priesterschaft als Schwindler hingestellt oder von Politikern bedrängt werden würden, ihnen bei Wahlen zu helfen. Nur wer sich selbst bestrebt, gottähnlich zu werden, nur der erkennt einen „Meister“ als solchen, nur dem offenbart sich ein „Meister“ als solcher. Doch die „„Meister“, „Eingeweihten“ und sogenannten „Heiligen“ leben im übrigen gar nicht so isoliert und von der Welt abgeschlossen wie man glaubt. Ich selbst lebe z. B. in meiner Gegend als gewöhnlicher Mensch, der seine kleine, hübsch im Gebirge gelegene Farm bestellt, der geologische und naturwissenschaftliche Studien betreibt, der ab und zu mal in den Corner Store geht, dort Einkäufe macht, mit den im Store herumsitzenden Farmern spricht und scherzt, ohne dass auch nur irgend jemand eine Ahnung hat, dass ich der Eremit bin, der euch Aufschlüsse über geistige Geheimnisse gibt. Glaubt ihr etwa, es hätte Wert, über das, was ich euch hier berichte, und von den okkulten Offenbarungen, die ich euch als Lesern des „Geistigen Lebens“ übermittle, im Corner Store zu den herumsitzenden Farmern zu reden, obgleich sich einige tiefe Denker darunter befinden, die übrigens in mir etwas ahnen, ohne aber zu wissen, was es ist? Ich führe also sozusagen ein Doppelleben: das eines biederen Farmers und Wissenschaftlers, der ein bisschen „seltsam“ erscheint, aber lustig mit den Lustigen, traurig mit den Traurigen, heiter mit den Heiteren usw. ist, ferner aber auch noch das Leben des Einsiedlers, des Eingeweihten, des Meisters, den ihr körperlich nicht zu sehen braucht, da er euch nur Geistiges zu geben hat und geistig bei euch und in Euch ist bei den gemeinsamen Gebets-Meditationen an den Freitag-Abenden. **Aber betet niemals etwa zu mir, sondern nur zu Gott!** Ausserdem bete ich mit euch, nur um euer Gebet zu stärken, aber niemals für euch, um etwa für euch eine ablassartige Vergebung der Sünden zu erreichen. O nein! Dafür müsst ihr euch selbst an Gott wenden! Es ist dazu niemals ein Vermittler nötig. Uebrigens bin ich nicht der einzige Eingeweihte oder Meister, der in Amerika lebt. Es gibt verschiedene in den verschiedensten Berufen. Auch sie sind unerkannt und führen eine Art Doppelleben, nämlich das eines gehorsamen Bürgers, fleissigen Arbeiters und freundlichen Nachbarn, und das Leben des Eingeweihten und Meisters, das auf geistigem Gebiete liegt und von dem der Leser im Verlaufe dieser Mitteilungen einen noch tieferen Einblick erhalten wird. Kann man solche Meister und Eingeweihte erkennen? Der Durchschnittsmensch bestimmt nicht! Der Okkultist und Mystiker ja! Solche, die Okkultismus und Mystik studieren, mögen unter Umständen einen Meister erkennen oder einen solchen ahnen, ebenso gottgläubige und fromme Menschen. Solche mögen gelegentlich sogar einmal den Besuch eines Eingeweihten oder Meisters erhalten, ohne es zu ahnen. Woran erkennt man einen Meister oder Eingeweihten? Am besten lässt sich diese Frage beantworten durch Aufklärung darüber, was ein wirklicher Meister und Eingeweihter niemals tut oder tun wird. Ein solcher wird niemals okkulte Kurse veranstalten, niemals Hotel-Suites bewohnen, niemals Ansprüche auf irgendetwas erheben, niemals sich rühmen, Aufschlüsse über Vorleben geben zu können, niemals Wunder wirken zur lediglichen Befriedigung von Neugierde, vor allem aber wird er in seinem Auftreten ein sehr bescheidener Mensch sein, ja geradezu sich unauffällig benehmen. Es tut auch wirklich nichts, ob jemand einen Meister und Eingeweihten mal sieht oder bei sich hat. Meister und Eingeweihte wollen nur aufklären, fördern und helfen, aber keine Wundermenschen oder gar Wunderapostel sein. Die Hilfe eines Meisters oder Eingeweihten kommt für jeden unwahrnehmbar, wenn irgendjemand aus eigener Kraft strebt, sich geistig und seelisch zu entwickeln. Das aber muss jeder allein tun. Braucht er Hilfe, so bete er nicht etwa zu irgendeinem Eingeweihten oder Meister, sondern nur direkt zu Gott, wie zu einem Vater. Kommt dann Hilfe durch einen Eingeweihten oder Meister, so kommt solche Hilfe nur auf Gottes Geheiss. Das ist dann das Richtige.

Nun zur Einführung des Ausbildungsganges noch etwas anderes. Warum, so mögen manche fragen, alle diese beschwerlichen Uebungen, Ausbildungen und Exerzitien, um ein Meister oder Eingeweihter zu werden, wenn man dasselbe auch langsam und allmählich durch seelisches und geistiges natürliches Wachstum erreichen kann? Dieser Einwand ist gut. Die Antwort darauf kann jeder selbst finden, wenn er für sich die nachstehenden Fragen beantwortet. Warum fährt jemand im Pullman-Waggon und zahlt mehr, wenn er im gewöhnlichen Eisenbahn-Waggon billiger genau so schnell zu demselben Ziele gelangen kann? Warum quält sich jemand ab, ein Baseballspieler zu sein, wenn er das Spiel doch ebenso geniessen kann von der Tribüne eines Stadiums aus, in dem Baseball gespielt wird? Warum zahlt jemand für ein Auto Tausende von Dollars, wenn er ein gutes Auto für einen Bruchteil eines teuren Autos erstehen kann, das ebenso gut fährt wie das teure? Warum will jemand das Leben dadurch „geniessen", dass er sich bequem in den Schaukelstuhl legt und träumt und ein anderer wieder den „Genuss" des Lebens darin sieht, mit dem Motorrad dauernd herumzufahren? Jeder hat eben seine eigene Anschauung vom Leben, hat Wünsche und Streben, deren Ursprung weit, weit in seiner Entwicklung zum Menschen zurückliegen und auch etwas mit den Eigenschaften und dem Betätigungsdrang seiner Seele zu tun haben, die bekanntlich ihren Aufstieg aus dem Tierreich nahm.

— — — —

Mein Ausbildungsunterricht begann damit, dass ich nach einem neuen Quartier verlegt wurde, nach einem andern Flügel des, wie ich nun sah, viel ausgedehnteren Unterkunfts-Komplexes der Stätte des Meisters Z, als es mir anfänglich erschienen war. Mein Leben gestaltete sich sehr einfach. Es begann zeitig am Morgen. Jeder hatte einen kleinen Raum für sich, der jedes besonderen Komforts entbehrte und sich für europäische Begriffe mehr wie eine Gefängniszelle ausnahm. Nachdem wir uns gewaschen und gereinigt hatten in einem besonderen Raum, wo Wasser zum Waschen in Kübeln bereit stand, die jeder abwechselnd eine Woche hindurch abends zu füllen, also eine Art „Stubendienst" für alle zur selben Klasse gehörenden Studierenden, durchzuführen hatte, ging es nach einem grösseren Raum, wo gemeinschaftlich das Frühstück eingenommen wurde, das stets einfach war und aus irgendeinem Brei (Getreide, Hirse usw.) nebst nachfolgendem Obst bestand. Dann begann in einem andern Raum der Unterricht. Die ersten Monate hindurch war es keinem der Schüler erlaubt, auch nur eine Frage an den Lehrer zu stellen. Auch aufnotieren durfte er sich nichts. Er hatte nur gespannt zuzuhören. Derselbe Unterricht wurde immer drei Tage hindurch wiederholt, so dass sich das Gehörte einprägte. Nach Schluss des Unterrichts, in seinen eigenen „vier Wänden", durfte man allerdings für sich Aufzeichnungen des Gehörten machen. Abends kurz vor dem Schlafengehen nur war es gestattet, sich etwa eine Stunde hindurch mit seinen Mitstudierenden zu unterhalten.

Der Zweck dieser Ausbildung war: Innerlich ruhig und aufnahmefähig zu werden, den Mitteilungsdrang allmählich unter Kontrolle zu bringen und zu lernen, alles durch ledigliche Aufmerksamkeit, also Konzentration, zu erfassen und zu erlernen. Unsere Klasse bestand aus sieben Schülern. Wie ich später erfuhr, bestanden Klassen immer nur aus einer bestimmten Zahl von Schülern je nach dem Charakter des Lehrgegenstandes einer Klasse. Ich verstand das aber erst später, als ich in die Mysterien der Bedeutung der Zahlen als Vibrations-Oktaven eingeführt wurde. Meine sechs Mitschüler waren Orientalen, die an und für sich verschlossener als wir Okzidentalen sind. Diesen fiel das Schweigen den ganzen Tag über nicht schwer. Mir anfangs auch nicht. Aber nach etwa drei Wochen überkam mich ein solcher Drang nach Sprechen zu jemandem, auch am Tage, dass ich vielfach in meiner Stube zu mir selbst sprach. Man störte mich nicht, obgleich das im Museum automatisch vermerkt wurde, von wo meine Ausbildung überwacht wurde. Mit dort war ich elektro-magnetisch verbunden, und all mein Handeln zeichnete sich dort von selbst auf wie in einem Führungsbuch. Wohl hatte mir Meister Z dieses Museum einst gezeigt und auch die Zusammenhänge erklärt, doch jetzt dachte ich daran nicht mehr. Ich machte überhaupt verschiedene merkwürdige Charakter-Phasen durch. Obgleich doch mein Eintritt in die Schule des Meisters Z ein absolut freiwilliger gewesen war, bäumte sich manchmal irgendetwas in meinem Innern gegen den „Zwang" auf, der mich anscheinend umgab. Wenn ich dann aber wieder im Unterrichts-Zimmer zusammensass mit den sechs Orientalen und sah, wie diese mit allem, was um sie herum vor sich ging, höchst zufrieden zu sein schienen, schämte ich mich. Aber ich konnte mir dennoch nicht helfen. Manchmal rebellierte was in mir. Wenn immer das gewesen war, schien es mir so, als ob am Abend bei unserm Erholungs-Stündchen meine Mitstudierenden besonders freundlich, wenn nicht sogar herzlich zu mir waren, als ob sie mich trösten, aufmuntern oder für irgendetwas entschädigen wollten.

Nachdem ich so — ich weiss nicht mehr wie viele — Wochen oder gar Monate den mir fast zum Halse herauswachsenden eintönigen Unterricht mitgemacht hatte, wurde ich eines Mittags nach dem Mittagessen zum Meister Z beordert. Als ich in sein Zimmer trat, kam er mir mit ausgestreckten Armen entgegen, legte seinen Arm um meine Schultern und führte mich zu seinem Sitzplatz.

„Ich verliere dich nie aus den Augen, lieber Bruder Amo, auch wenn dir das manchmal so erscheinen mag. Ich weiss, wie dir zumute ist! Um dir ein wenig zu helfen, habe ich dich mal wieder hierher gebeten. Da du meinem Herzen besonders nahestehst und ich aus eigener Erfahrung weiss, wie schwer gerade für Europäer diese Art von Unterricht ist, so will ich dir mal etwas Gelegenheit geben, dich mir gegenüber aussprechen zu dürfen. Ich kann dir das gestatten, da du durch dein Vorleben weit genug vorgeschritten bist, dass dir eine solche gelegentliche Unterbrechung der Regeln dieser Stätte, die ich allein hier vornehmen darf, nicht schaden wird. Also, willst du etwas fragen, lieber Bruder Amo?“

Merkwürdig! Wie oft hatte ich die letzten Wochen hindurch den innigsten Wunsch verspürt, mich jemandem gegenüber aussprechen zu dürfen, doch jetzt, wo ich es konnte, hatte ich kein Verlangen danach.

Meister Z sah mich lächelnd an:

„Ich weiss, dass du jetzt auf einmal innerlich ganz zufrieden zu sein scheinst. Das ist darauf zurückzuführen, dass du in meiner Nähe weilst und meine liebevolle Anteilnahme dich direkt umgibt, so dass du sie sogar mit deinen gewöhnlichen Sinnen wahrnehmen und empfinden kannst, was sonst nur durch dein Unterbewusstsein geschieht, das bei dir noch nicht voll ausgebildet ist. Also denke jetzt mal ganz ruhig nach, was du für besondere Anliegen auf dem Herzen hast.“

Als ich schwieg, da mir wirklich augenblicklich nichts einfiel, fuhr Meister Z fort:

„Nun, so werde ich dir helfen, weil ich weiss, wie auch mir anfänglich zumute war. Was dich als Europäer am meisten quält, ist der Umstand, dass du nicht recht begreifen kannst, was der Unterricht, den du jetzt geniesst und der dir manchmal geradezu lächerlich vorkommt, wohl mit der Ausbildung zu einem Meister zu tun haben mag. Stimmt's?"

Ich nickte bejahend mit dem Kopfe.

„Nun sieh'", erläuterte Meister Z weiter, „könnte ein Baumeister trotz seiner genialen Pläne etwas fertigbringen, wenn er nicht gleichzeitig geschulte Arbeitskräfte hätte? Er muss mit deren Arbeiten und Aufgaben voll vertraut sein, ehe er seine genialen Pläne verwirklichen kann; denn er muss wissen, was und wieviel er von seinen Arbeitskräften verlangen darf. Mit andern Worten, er muss also nicht nur deren Können und Wissen, sondern auch deren ganze Einstellung und Denkweise verstehen und begreifen. Wer die Anlage dafür nicht hat, muss sie vorher erlernen. Notwendig dafür sind: Der Wunsch, dies und das einmal zu vollbringen mit Hilfe anderer, die ganz verstanden sein müssen, um die beste Arbeitsleistung zu erzielen. Dazu kommt ein wirkliches Empfinden von Bescheidenheit und Anpassungsfähigkeit, um die Hilfe der Mitwirkenden freudig und selbstlos zu erhalten, und schliesslich Ausdauer, die niemals erlahmt. Auf das Erlangen dieser drei wichtigen Vorbedingungen aller erfolgreichen Taten: den Wunsch, etwas zu vollbringen; das Vertrauen zu den Mitwirkenden zwecks Entfaltung selbstloser Mitarbeit durch eigenes, bescheidenes Auftreten und Sichanpassen an die Gefühle und Empfindungen anderer und eine niemals ermüdende Ausdauer, darauf kommt es zuerst an. Und das sind gerade die drei Eigenschaften, die dein jetziger, so eintöniger Unterricht bei und in dir erwecken soll. Schon durch blosse Teilnahme an dem Unterricht und deine jetzige abwechslungslose Lebensweise wird dieser Unterricht für die erwähnten drei Eigenschaften intuitiv deiner Seele zuteil. Du magst das kaum merken. Infolge deiner Anstrengungen in deinem Vorleben wird dieser Unterricht für dich aber nicht mehr allzu lange dauern. Und um dir den Uebergang zu erleichtern, sollst du wieder mal eine Proviant-Karawane begleiten. Aber diesmal musst du doppelt vorsichtig sein, da wir jetzt mitten im Himalaya-Winter stehen, der hier oben furchtbare Wetterunbilden mit sich bringt. Es kommt vor, dass die Temperatur manchmal bis auf 70 und 80 Grad unter Zero fällt und der Höhensturm trotzdem weiter weht. Auch die Schneemassen, die jetzt hier oben niedergehen, sind oft ganz ungeheuerliche. Dazu kommen die gelegentlichen Schneestaub-Lawinen. Dumusst dich also ganz genau nach dem Leiter der Transport-Kolonne richten und seinen Anweisungen aufs Wort folgen. Es wird wieder Bruder Xerx sein, den du ja gern hast. Weisst du auch warum?"

„Ich spüre wohl irgendein magnetisches Band der Zuneigung und Sympathie; aber wodurch es bedingt ist, das weiss ich nicht. Weiss übrigens Bruder Xerx den Grund?"

„Ja, er weiss es, und er bat mich, dir ebenfalls den Grund mitzuteilen. Er war in deinem Vorleben auf dem andern Planeten dein Lieblingsbruder. Ihr waret unzertrennbar bis zu deiner Ehe."

„Ist das merkwürdig, dass man alle früheren Verwandten, Freunde und Bekannte anscheinend immer wieder trifft, und zwar noch im Jenseits, und dann wieder hier auf Erden!"

„Das ist nicht so merkwürdig wie du glaubst. Ein jeder Mensch ist eine Individualität, als solche ein besonderer ‚Funken Gottes' und damit ewigwährend wie Gott. Gott will aber seine unzähligen ‚Geistesfunken' genau so selbständig machen wie Sich selbst, um intelligente, freudige, aber auch absolut zuverlässige Mitarbeiter zu haben. Er könnte sich jeden Augenblick solche freilich schaffen, doch diese wären unfrei und machten nur automatisch, was er will, dass sie machen sollen. Gott will aber so freie Mitarbeiter wie Er Selbst frei ist in Seiner Schöpfung. Deswegen muss jeder von Ihm als Individualität abgesonderter ‚Funken' erst Eigen-‚Erfahrungen' sammeln. Durch Verwandte, Bekannte und Freunde werden nun ‚Typen' in seine seelische und geistige Entwicklung zum absolut freien Mitarbeiter Gottes hineingeführt, die sozusagen die ‚Typen' der ganzen übrigen Menschheit charakterisieren. Keine Individualität braucht alle Menschen einzeln im Entwicklungs-Dasein zu treffen, sondern nur Vertreter von deren ‚Typen'. Solche sind dann die Verwandten, Freunde und Bekannten, die jeder Mensch hat und macht. Die Verbindungen und Bindungen — böser und guter Art —, die er so knüpft, sind seine dauernden Examens-Proben zur Endentwicklung als wirklich freier Mensch und aktiver Mitarbeiter Gottes. Mit Verwandten, Freunden und Bekannten bleiben wir durch unsere früheren Beziehungen auch im ‚Jenseits' noch lange verbunden, solange wie wir immer noch an unserer Vervollkommnung zu arbeiten haben. Haben wir durch und mit den Verwandten, Freunden und Bekannten voll und ganz das einzige Gebot Gottes für absolute Freiheit seelisch und geistig begriffen, so dass die Seele und der Geist in solcher Individualität die ‚Wiedergeburt' erlebt, dann sind die Verwandten, Freunde und Bekannten frei von jeder Bindung mit der Individualität und diese von jeder Bindung mit den Verwandten, Freunden und Bekannten, aber nicht eher. Das einzige Gebot Gottes für Gewinnung absoluter Freiheit lautet bekanntlich: ‚Liebe Gott über alles und deinen Nächsten wie dich selbst!'"

„Mit andern Worten:: Wir müssen die Last unserer Verwandtschaft, Bekanntschaft und Freundschaft dauernd mit uns herumschleppen?"

„Ja und Nein! Du bist sie los im Augenblick deiner ‚Wiedergeburt'. Aber dann wirst du sie erst recht nicht im Stiche lassen, sondern ihnen vorwärts zu helfen versuchen, weil du dann einsiehst, dass sie die einzig richtigen ‚Hindernisse' in deinem Lebens-Entwicklungsgang für deinen Sieg und dein Eingehen in die wirkliche Freiheit waren."

„Dann wird man also von seinen Verwandten, Freunden und Bekannten dauernd belästigt und muss sich von ihnen ausnutzen lassen!"

„Das habe ich nicht gesagt! Sie sind ja für dein Lernen! Lerne an ihnen zu unterscheiden zwischen Wichtigem und Unwichtigem für die Entwicklung! Was unwichtig ist, lasse fallen. Seinen Nächsten lieben heisst nicht, ihm dauernd Zuckerbrot zu geben, sondern ihm auch einmal ordentlich die Meinung zu sagen und ihn links liegen zu lassen, wenn er nur auszunutzen versucht. Doch was das Richtige ist, das hast du selbst zu entscheiden mit deinem — Herzen. Das gehört zu deiner Lebensschulung. Das Entscheiden musst du selbst lernen!"

Nach dieser Mitteilung trat eine Pause in unserer Unterhaltung ein. Ich war nachdenklich geworden. Es war mir plötzlich, als ob ich hellseherisch geworden wäre und alle die Bindungen wahrnähme, die uns mit magnetischer Gewalt an Mitmenschen und Umstände ketten, Bindungen, die nur gelöst werden können durch unsere Selbstbefreiung infolge Entwicklung der Seele und des Geistes bis zu deren Vereinigung, deren „Wiedergeburt".

„Du hast vollkommen recht", hörte ich da Meister Z mich plötzlich anreden. „Ich kenne deine Gedanken, mit denen du dich zur Zeit beschäftigst. Du siehst dabei gleichzeitig aber auch, dass niemand einfach fortrennen kann von dem, was seine Entwicklungslinie ist und was diese für ihn birgt an zu sammelnden Erfahrungen. Darum kann man nur wie ein tapferer Soldat des Lebens diese Bindungen lösen durch Selbstüberwindung, womit wir von Belastungen immer freier werden. Ein General braucht sein Gepäck nicht mehr zu tragen wie ein gewöhnlicher Soldat. Dafür hat ein General aber grössere Aufgaben voller Verantwortung zu lösen. Doch wie erwähnt, jeder hat seine Bindungen selbst zu lösen. Würden sie für ihn gelöst werden, so wäre er unfrei, denn er hat die Lösung ja nicht aus freiem Willen und durch die dazu notwendigen Kämpfe, Bestebungen und Ausdauer erzielt. Doch der Mensch ist dabei nicht ohne Beratung. Er hat einen Leitfaden, der unfehlbar ist, wenn er — beachtet wird, nämlich wiederum das Gebot: ‚Liebe Gott über alles und den Nächsten wie dich selbst!' Dann ist alles möglich. Dann erreichen wir die ‚Wiedergeburt'. Doch wir müssen dabei auch lernen, was eigentlich ‚Liebe' ist. Es ist Zuneigung, Sympathie, Mitgefühl, Opferung für den andern, aber stets aktiv, nie passiv, d. h. sich niemals ausnutzen lassen. Zuneigung, Sympathie, Mitgefühl, Opferung müssen aktiv sein, nicht passiv, wobei wir uns nicht im geringsten darum zu kümmern brauchen, was die Umwelt dazu sagt. Massgebend ist unsere eigene Auffassung und Entscheidung. Siehst du nun, lieber Bruder Amo, wie wichtig es ist, zu solcher richtigen Auffassung und Entscheidung zu kommen? Das ist, was du jetzt fundamental lernst in dem scheinbar so eintönigen Unterricht!"

Ich nickte nur stumm. Ich verstand innerlich, dass Meister Z, wie immer, absolut Recht hatte.

„Du kannst ja auch noch keine rechte Begeisterung empfinden", beantwortete da sogleich wieder Meister Z meine Gedanken. „Da du jedoch an und für sich fundamental schon weit fortgeschritten bist, so will ich dir einen kleinen Blick in die Zukunft gewähren zu deiner Aufmunterung und geistigen Erfrischung. So höre und achte genau darauf. Die Welt steht unmittelbar vor einer ungemein wichtigen Entscheidung. Die entscheidenden Faktoren sind dabei wir Menschen als die einzigen, wirklichen, direkten Ausstrahlungsfunken Gottes, als Individualitäten. Wir werden in den nächsten Jahrzehnten vor Entscheidungen stehen, die über Sein oder Nichtsein der gesamten Menschheit und dieses Planeten zu entscheiden haben mögen. Die führenden und leitenden Kräfte, die schon bewusste freiwillige Mithelfer Gottes geworden sind durch ihre ‚Wiedergeburt', benötigen zu ihrem enormen Werk, das ihnen bevorsteht, weitere Hilfe. Gott selbst benötigt sie freilich nicht. Er könnte alles haben, wie Er es wollte, durch Sein Denken. Doch die Menschen sollen selbst denken lernen. Deswegen sollen und müssen sie die furchtbare Krisis, die der Welt in kurzem bevorsteht, selbst überstehen. Gelingt ihnen das nicht, so mag auch diese Erde wie einst ein anderer Planet, der vor der Erde Träger einer Menschheit gewesen ist, wieder zerspringen und sich in Bruchteile aufteilen, wie es jetzt die Planetoiden zeigen, die zwischen Mars und Jupiter noch immer ihre Bahn beschreiben als Trümmerfeld eines einstigen Planeten, der der Sitz einer Menschheit war und der von den Menschen selbst vernichtet wurde — durch ihre Arroganz, ihren Unglauben, ihre gegenseitigen Kriege. Sie kehrten sich nicht um den einzigen wahren Führer, Der nur Liebe, Sympathie, Mitgefühl und Opferung, kurz Liebe ist, Der niemals zwingt, nur berät, hinweist und jedem seinen Willen lässt, selbst den freien Willen, anders zu wollen als Er, ohne Ihn deswegen einzusperren oder umbringen zu lassen. Ein anders handelnder Mensch bringt sich ja von allein sowieso um sein Glück dadurch, dass er in sich beschränkt bleiben wird und infolgedessen die natürlich-kosmischen Schranken dann niemals zu durchbrechen vermag ausser auf dem von Gott gezeigten Weg durch eigene Bemühungen um die ‚Wiedergeburt', die gleichzeitig auch die Befreiung vom allerletzten Zwang, vom natürlich-kosmischen, ist. Eine andere Befreiung davon gibt es nirgends im ganzen Kosmos, genau wie es nirgends einen andern leitenden Führer irgendwo gibt als nur

— Gott allein! Dieser einzige und wahre Führer ist nicht unnahbar, sondern für jeden sofort zu sprechen, der sich direkt an ihn wendet. Kein Mensch braucht dafür einen Vermittler, weder einen Beamten noch einen Geistlichen. Es genügt für den schlichtesten Menschen nur der Wille, mit Gott sein zu wollen und Ihn aus freien Stücken als den einzigen wahren Führer zu erkennen und damit anzuerkennen, womit und wodurch seine ‚Wiedergeburt‘ schon gesichert ist.“

Meister Z schwieg eine Weile, um seine nun folgenden Worte besser einwirken zu lassen.

„Nun siehe, Bruder Amo, für den in kurzem bevorstehenden seelischen und geistigen Entscheidungskampf der Menschheit und damit für Weiterbestand selbst dieses Planeten, brauchen wir ‚Wiedergeborene‘, die absolut freiwillig, aus Liebe zu Gott, Seine Wünsche erfüllen, und noch mehr Mitarbeiter ‚nicht um unseres Willen, sondern um des Willens der Mitarbeiter selbst wegen. Kurz, wir möchten noch möglichst viele, möglichst Tausende, wenn nicht Hunderttausende und Millionen dafür gewinnen, sich aus freien Stücken in den Dienst des einzigen wahren Führers, nämlich Gott, zu stellen. Aus diesem Grunde werden in den nächsten Jahren mehr Kenntnisse über uns in die Welt hinausgelangen. Gleichzeitig wird die Menschheit im nächsten halben Jahrhundert Entdeckungen und Erfindungen machen, die noch jetzt märchenhaft und phantastisch anmuten. Die Menschen werden fliegen lernen. Sie werden lernen, sich ohne besondere Drahtleitungen gegenseitig zu verständigen. Sie werden aber das und noch viele andere Erfindungen in den Dienst der Zerstörung stellen. Und hier ist es, wo möglichst Tausende, Hunderttausende, nein Millionen mithelfen sollten an der Errettung der Menschheit vor völliger Vernichtung. Sie sollen an sich selbst arbeiten, um sich zu vervollkommnen. Sie sollen durch das Beispiel ihrer Lebensführung, ihrer Lebensanschauung und Lebensauffassung wirken, kurz, sie sollen sich durchringen zur Erkenntnis und zum freiwilligen Leben danach: ‚Liebe Gott über alles und deinen Nächsten wie dich selbst!‘ Und du, lieber Bruder Amo, wirst gegen Ende deiner irdischen Laufbahn mit der Aufgabe betraut werden, durch eine Vermittlung, die sich von allein ergeben wird, deine engeren Landsleute in einer bestimmten Gegend der Welt zu belehren, damit diese zur Erkenntnis des einzig wahren Erkenntnis-Satzes kommen: ‚Liebe Gott über alles und deinen Nächsten wie dich selbst!' Diesen deinen Landsleuten, denen du dann ein Vorbild sein sollst, wirst du ans Herz legen, dass sie keinem andern Führer, keinem andern Götzen dienen und gehorchen sollen als nur dem Gott der Liebe, aber nie einem Gott der Einkerkerung und des Meinungsaufzwingens, sondern einem Gott der Lösung von allen Fesseln und des Belassens und Stärkens des freien Willens in jedem einzelnen Menschen. Je grösser nun, lieber Bruder Amo, deine jetzigen Anstrengungen sind, desto grösser wird dein Erfolg unter deinen Landsleuten in einer bestimmten Gegend der Welt sein. Du kannst zu einem grossen Helfer für deine Landsleute alsdann werden! Und wenn diese deinen Mahnungen, Ermahnungen und Ratschlägen folgen, werden sie mit zu den Ersten derer gehören, die erlöst werden sollen. Ihnen — doch sie müssen ‚freiwillig' deinem Rat folgen, den du nur zwanglos geben darfst — soll auch in der bevorstehenden schweren Zeit nichts geschehen. Je selbstloser sie wirken werden, je tiefer sie die Erkenntnis des Lehrsatzes erfassen werden: ‚Liebe Gott über alles und deinen Nächsten wie dich selbst!', desto schneller wird ihr eigener Fortschritt sein und desto schneller werden sie zu den Auserwählten gehören, zu den Auserwählten für die Ewigkeit, auserwählt von Gott selbst als dem einzigen, wahren Führer, der keine Anmassung kennt und wünscht, sondern nur über alles geliebt sein möchte. Und nur aus Liebe soll diesem himmlischen, einzig wahren Führer, Gott, gefolgt werden."

Wieder trat eine Pause ein, und vor meinem geistigen Auge tauchte, wie eine Vision, das Bild meines jetzigen Lebens auf, wie ich versuche, meine Landsleute zu belehren. Es durchzuckte mich wie ein feuriger Strom. Das war der Wunsch, dass sich möglichst viele, möglichst alle, die einst — wie jetzt, meine Zeilen lesen, sich zum einzigen und alleinigen Führer, zu Gott, dem Allmächtigen, hinwenden mögen.

„Doch, lieber Bruder Amo," fuhr Meister Z fort, „du wirst bei deiner Aufgabe nicht allein dastehen. Auch du wirst Hilfe haben, und zwar ebenfalls direkt von Gott, der durch uns, wir ‚Aelteren Brüder der Menschheit', als Instrumente wirken wird. Alle, die deine Ausführungen beherzigen werden — aber es muss freiwillig und ohne jeden Zwang geschehen — werden direkt Gottes Segen teilhaftig werden, der dann durch die so Gewonnenen wieder ausströmen wird unter Nachbarn, Verwandte, Freunde und Bekannte, und so wird von einigen Wenigen, die zuerst von dir hören und lesen werden, ein lebendiger Erlösungsstrom ausgehen, der sich mit andern solchen lebenden Erlösungsströmen vereinen wird, die von andern Völkern unter die Menschheit geleitet werden. Darum, lieber Bruder Amo, nicht nachlassen in deinem Streben, so langweilig und eintönig dir alles erscheinen mag. Nur so wirst du einst in deinem hohen Alter diejenigen, die deinen Ausführungen folgen, begeistern können ebenfalls in ihrem Streben, aus- und durchzuhalten, niemals nachzulassen im Gebet, niemals nachzulassen im Helfen und niemals zu erlahmen, sich völlig in den Dienst des einzigen Führers des gesamten Kosmos zu stellen, nämlich Gott, des Allmächtigen, Gott, des Sammelpunktes aller Liebe."

Nach einer Pause, die ich nicht unterbrach, fuhr Meister Z, wie zu sich selbst redend, fort: „An Gott soll und kann sich jeder selbst und persönlich mit seinem Anliegen wenden. Kein Vermittler irgendwelcher Art ist nötig dafür. Es gibt nur — ich wiederhole es — einen wahren und wirklichen Führer der Menschheit, und der ist Gott, der Gott der Ewigkeit, der Gott der Unendlichkeit, der Gott, Der alles, aber auch alles ohne Ausnahme geschaffen hat. Und alles, was Dieser verlangt, ist nicht: ‚Du musst', sondern nur ein freundliches ‚Du sollst', also empfehlend, bittend und bettelnd um Liebe, um Zuneigung, um Sympathie für die Mitmenschen und dadurch und damit für Sich Selbst. Selbst das Höchste Wesen kümmert sich zunächst also um die andern und dadurch, damit und danach erst um Sich Selbst. Daher, lieber Bruder Amo, dir steht noch eine hohe Aufgabe bevor. Erweise dich dieser würdig, indem du die jetzigen Schwierigkeiten, die anfangs nur so schwer erscheinen, freiwillig auf dich nimmst. Du wolltest durch deinen Eintritt in diese Stätte ein Soldat Gottes, ein Soldat der Ewigkeit werden. Nun, wohlan, werde es! Du kannst und wirst es erreichen!"

Die letzten Worte hatte Meister Z mit gehobener Stimme gesprochen. Er war aufgestanden. Er stand wie erstarrt und sah verklärt aus. Ein Glanz umgab ihn. Ich fühlte mich ebenfalls begeistert und gestärkt. Er gab mir seine Hand. Ein Strom floss auf mich über. Er kam nicht von ihm. Er kam durch ihn von höherer Seite, die ihren Ursprung in Gott Selbst haben musste.

Ehe ich entlassen wurde, teilte mir Meister Z noch mit, dass ich ausgangs der folgenden Woche einen Transport begleiten würde, der denselben Weg nehmen werde wie der letzte, den ich mitmachte.

Ich begab mich nach meiner einfachen Klause zurück, wo mich Müdigkeit überkam. Ich kämpfte zwar dagegen an, doch es half nichts. Ich schlief ein. Plötzlich befand ich mich in einer Gegend, die ich nicht kannte. Ich war ein einfacher Landmann, aber auch ein Wissenschaftler nebenbei, geachtet von allen Umwohnenden, aber diesen teilweise doch ein Rätsel. Da hörte ich eine Stimme — wie es schien, war es die geistige Stimme meines Ichs —: „Das ist der Platz, von dem aus du in deinen Lebensabend-Jahren deine letzte grosse Aufgabe erfüllen sollst." Er war der Platz, an dem ich mich jetzt befinde, mit meinem treuen Hund als steten Begleiter, ein Tier, dessen Seele sich jetzt so entwickelt, dass sie nach dem Tode mit zwei oder drei anderen Tierseelen zusammen das Fundament für eine Menschenseele abgeben kann, in der sich ein freier Geist als menschliche Individualität zu entfalten beginnen wird.

Der Transport, den ich mitbegleitete, war ein ziemlich grosser. Das Wetter war durchschnittlich schön, doch es war bitter kalt. Trotzdem ich dick gekleidet war, fror ich manchmal ziemlich stark. Bruder Xerx war sehr besorgt um mich und erkundigte sich des öfteren nach meinem Befinden. Er selbst war verhältnismässig — ich sage verhältnismässig — leicht gekleidet und schien unter der Kälte beinahe gar nicht zu leiden, was mich wunderte. Ich befragte ihn einstmals vor dem Einschlafen darüber, und er gab mir folgende Aufklärung:

„Sag' mal, lieber Bruder Amo, was ist deiner Anschauung nach eigentlich Kälte?"

„Die einzige Definition, deren ich mich recht erinnere, ist: Ein bestimmter Zustand der uns umgebenden Atmosphäre, die weniger Wärme aufweist."

Bruder Xerx lachte auf.

„Das ist glänzend! Danach wäre also der Tod zu beschreiben als ein Zustand, der kein Leben mehr aufweist, und das Leben als ein Zustand, der keinen Tod aufweist. Sehr gut, vorzüglich!".

Er lachte erneut so herzlich, so frei, dass ich unwillkürlich mitlachen musste.

Auf einmal erschien mir meine Erklärung selbst recht komisch. Ich fragte daher:

„Nun, lieber Bruder Xerx, wenn dir meine Erklärung so lächerlich vorkommt, so gib mir mal die Deinige."

„Herzlich gern, wenn du das willst. Nach meiner Auffassung und Belehrung ist Kälte ein ‚Zustand der Atmosphäre', der durch eine ‚physikalische Veränderung' derselben verursacht wird, die ihren Ursprung vorherrschend im Geistigen hat. Die Bedingungen für Veränderung des ‚Zustandes der Atmosphäre' bis zur wahrnehmbaren Kälte hin können oftmals durch rein irdische Vorgänge und Verhältnisse verursacht sein, manchmal treten solche Veränderungen im ‚Zustande der Atmosphäre' aber auch ohne irdisches Zutun auf."

„Wie lässt sich deine Erklärung aber mit rein physikalischen Vorgängen auf der Erde zusammenreimen? Warum treten solche Zustands-Veränderungen der Atmosphäre hauptsächlich auf hohen Bergen und in den Polar-Zonen und nicht am Aequator auf?

„Weil die Erde verschiedene seelische und geistige Zustände sozusagen kristallisiert im Erdball festhält, wodurch verschiedene Gegenden immer wieder anders geartete seelische und geistige Zustände besitzen. Um es dir deutlicher zu erklären. Auf Bergen und in den Polargegenden versuchen dort im Erdball kristallisiert vorhandene seelische und geistige Kräfte — physikalisch empfunden: Allerhitzigster Art — am leichtesten zu entkommen. Daher werden dort von rein geistiger Seite aus auch am allerhäufigsten, in den Polargegenden beinahe dauernd, ‚Zustands-Verhältnisse der Atmosphäre' geschaffen, die wir als ‚Kälte' empfinden. Doch das wird dir später im Verlaufe deiner Unterweisung bedeutend klarer werden, da du das Hiergesagte dann von einem andern Punkt aus erklärt erhalten wirst, einem Standpunkt, den ich dir jetzt noch nicht klarmachen könnte, und wenn ich die ganze Nacht zu dir darüber sprechen würde."

Ich gab mich zufrieden und dachte über das Gehörte nach. Doch da kam mir eine andere Frage.

„Schläfst du schon, Bruder Xerx?"

„Nein, willst du noch etwas fragen? Dann frage nur ruhig."

„Nach deiner mir über die Kälte gegebenen Erklärung mögen vielleicht auch die Wolkengebilde eine ganz andere Bedeutung haben als wir glauben."

„Das stimmt auch. Was wir hier als Wolken wahrnehmen, scheinbar bedingt durch rein physikalische Vorgänge, hat ebenfalls seine ursprünglichen Vorgänge im Geistigen. Daher kommt es auch, dass manche Menschen unter Wetterunbilden mehr zu leiden haben, als andere. Oder hast du noch niemals gehört, dass manche Landwirte ‚vom Unglück verfolgt' zu sein scheinen, da ihnen stets die Ernten verregnen, verhageln oder sonst Schaden daran angerichtet wird? Zwischen Wetterunbilden, Krankheiten an Anpflanzungen und Auftreten von Tierplagen ist ebenfalls ein Zusammenhang, dessen Ursprung geistiger Natur ist. Für uns auf Erden, die wir nur irdisch denken und urteilen, ist nicht immer ein solcher Zusammenhang nachweisbar. Manchmal allerdings muss selbst der verstockteste Materialist zugeben, dass es ‚mindestens komisch ist', dass manche Menschen vom Unglück scheinbar verfolgt werden, andere nicht. Nur seelisch und geistig Fortgeschrittene ahnen, dass Gott diejenigen liebt, die er züchtet, d. h. sie niemals die Erde recht lieben lässt, weil die so Gezüchtigten ja hier nur vorübergehend zu weilen brauchen und ihre Hauptarbeit dann im Seelischen und Geistigen nach dem irdischen Tode zu suchen ist und auch gefunden wird."

Der Transport-Marsch verlief soweit erlebnislos, doch tat er mir gesundheitlich sehr gut. Ich wurde die Kälte auch schliesslich gewöhnt und litt nicht mehr so stark darunter, wie ich später erfuhr, hauptsächlich deswegen, weil mir Bruder Xerx eine seelische und geistige Stärkung durch Gedanken-Uebertragung hatte zuteil werden lassen, die mich mehr in Harmonie mit der durch die grosse Kälte verursachte „Zustands-Veränderung" der Atmosphäre setzte. Auf solche Weise ist es, wie ich später erfuhr, jedem Menschen möglich, in gewöhnlicher Sommerkleidung die allergrösste Kälte zu ertragen, ohne zu frieren oder sich ein Glied zu erfrieren. Kälte und Kälte-Empfinden sind atmosphärische und seelisch-geistige „Zustands-Verhältnisse", die nur „gleichgeschaltet" zu werden brauchen, was durch den menschlichen Willen, durch menschliches Meditieren und Versenken möglich ist. Doch das muss erlernt sein. Dieses Erlernen ist mühsam, und nur wenige würden es durchmachen wollen.

Diesmal lag unser Endziel weiter nördlich, schon am Ausläufer der südsibirischen Tundren. Es war auch kalt dort, doch lange nicht so wie im höchsten Hochgebirge des Himalaya-Gebirgszuges. Unser Aufenthalt war länger als wir geplant hatten, denn es setzte ein viertägiger Blizzard ein, der solchen Schneestaub aufwirbelte, dass man nicht drei Fuss weit sehen konnte. Der Schnee bestand in beinahe mikroskopischen Eiskristallen, die sich wie Nadeln ins Fleisch des Gesichtes hineinbohrten.

Dann folgte dem Blizzard eine Periode des allerschönsten Wetters. Trotz des mehrtägigen Schneefalls war der Rückweg nicht beschwert durch Schneemassen, da der Sturm den alten und neu gefallenen Schnee in Schluchten und Felsspalten geweht und die eigentlichen Felspartien fast frei vom Schnee gefegt hatte. Nur in Hochtälern war der Weg beschwerlich, da es dort Stellen gab, wo der Schnee haushoch, oder besser gesagt tief lag; doch unser Transportführer führte die Marschkolonne intuitiv so durch derartige Täler, dass wir höchstens mal bis zu den Hüften durch Schnee waten mussten.

Diesmal machten wir Rast im Frauenkloster selbst, da weiter keine Karawane durchkam und Platz für uns vorhanden war. Einmal, wie rein zufällig, dachte ich an meine frühere Frau. Dann vergass ich es wieder. Ich hatte unter den Trägern mehrere Tibetaner und Inder kennen gelernt, die schon weit vorangeschritten sein mussten, denn die Unterhaltung mit diesen war ein wahrer Genuss. So dachte ich kaum an meine ehemalige Begegnung mit meiner „früheren Frau".

Am Abend wurde ich zu Bruder Xerx gebeten, der mir etwas mitteilen wollte.

Als ich bei ihm eintrat, sass dort, mit dem Rücken mir zugekehrt, eine Person, der ich weiter keine Beachtung schenkte.

„Ich habe dich herbitten lassen, Bruder Amo, weil ich glaubte, du möchtest vielleicht wieder einige Fragen stellen wollen."

Ich hatte aber keine besondere Fragen in Gedanken und fragte deswegen etwas erstaunt:

„Ich danke dir, Bruder Xerx, aber ich habe diesmal wirklich keine besonderen Fragen auf Lager."

„Auch jetzt nicht?" fragte Bruder Xerx, wobei er die neben ihm sitzende Person an der Schulter fasste und mir ihr Gesicht zukehrte.

Da erinnerte ich mich plötzlich. Das war ja meine „frühere Frau". Ich spürte aber auch diesmal weiter keine innere Bewegung. Meine „frühere Frau", die ja in Wirklichkeit nur mein „Zweites

Ich“ war, lächelte mich an. Ich tat das schliesslich auch, aber mehr verbindlich und wie verpflichtet, ohne jede innere Regung.

„Hast du denn gar keine Sehnsucht, mit deinem ‚Zweiten Ich‘ vereint zu sein?“ fragte mich da meine „ehemalige Frau“ mit einer Stimme so voller Sympathie und Anteilnahme, dass plötzlich mein ganzes Inneres zu beben und zu vibrieren anfing.

So gewaltig war diese innere Erregung, dass es mir auf einmal war, als ob sich eine neue Welt vor mir auftat. Es ist schwer, die Gefühle zu beschreiben, die mich auf einmal erfasst hatten. Am ähnlichsten waren sie jenen Gefühlen, die wir haben, wenn wir in Jugendjahren unsere erste Liebe erleben. Jeder wird sich gewiss noch erinnern, wie ihm da zumute war. Das blosse Zusammensein mit der geliebten Person schien die Erfüllung jedes Lebenswunsches darzustellen. Man fühlte sich zu einer Einheit verschmolzen. Die ganze übrige Welt war nur noch Umrahmung für das unbeschreibliche Glück, mit dem geliebten Wesen vereint zu sein.

Nun, so war mir plötzlich zumute, nur ungleich stärker, ungleich gewaltiger, ungleich aufrührerischer. Mein ganzes Innere war in Aufregung, in einer unbeschreiblich glücklichen, nein, beseligenden Stimmung. Ich sah auf einmal überhaupt nur noch mein „zweites Ich“. Alles andere war verschwunden. Bruder Xerx war nur noch Hintergrund und alles übrige Umrahmung dieses Hintergrundes.

Ich stand vollständig im Banne dieses Erlebnisses.

Meine „ frühere Frau“, mein „zweites Ich“, sah mich immer noch so beseligend lächelnd an, breitete die Arme aus und zog mich an sich.

Welche unvorstellbare Seligkeit empfand ich da! Ich weiss nicht, wie lange wir uns umarmt hielten. Es schien eine Ewigkeit zu sein, die mich so beglückte, dass ich ganz vergessen hatte, dass ich ja noch auf Erden weilte. Das Erdenleben erschien mir nur noch wie eine nebensächliche Erinnerung, die man möglichst schnell vergisst.

Als wir uns losliessen und gegenseitig glücklich lächelnd betrachteten, fiel mir auf einmal auf, dass ja die Gesichtszüge meiner „früheren Frau“, meines „zweiten Ichs“, nicht mehr verschwommen waren wie damals, als ich die erste Begegnung mit ihr hatte, sondern dass das Gesicht so engelschön war, wie es ein Maler nicht lieblicher hätte zeichnen können. Zur gleichen Zeit ging eine Strahlung von ihrem Gesicht aus, so dass es mir fast schien, als ob der ganze Kopf von einem Lichterglanz umflossen wäre.

„Bist du aber unbeschreiblich schön", entfuhr es mir da staunend und überrascht.

„Du ja aber auch", kam es zurück. „Siehe mal in den Spiegel da an der Wand!"

Ich tat es und traute meinen Augen nicht. Was war denn das? So hatte ich ja mal ausgesehen in jungen Jahren, damals, als ich als junger Garde-Offizier in der Armee gedient hatte. Nur sah ich jetzt im Spiegelbild viel anziehender aus als damals, da auch von mir ein Strahlenkranz auszugehen schien, den ich als eine Art Rückstrahlung meines Spiegelbildes empfand.

Ich sah lange ungläubig in den Spiegel. Da mischte sich Bruder Xerx ein:

„Das kannst du alles gewiss nicht verstehen. Ich könnte es dir erklären, doch dein ‚zweites Ich' kann das viel besser. Ich werde euch für eine Weile allein lassen."

Er verliess den Raum, und ich war allein mit meiner „früheren Frau", meinem „zweiten Ich".

Worum sich die Unterhaltung drehte? Ich weiss nicht, dass wir überhaupt viel zusammen gesprochen hätten. Es schien, als ob nur ein dauerndes wortloses Frage- und Antwortspiel zwischen uns beiden Zurückgebliebenen stattfand. Soviel aber konnte ich auf solche Weise erfahren: Meine „frühere Frau", mein „zweites Ich", stand vor dem Abschluss ihrer Entwicklung, der hier im Bannkreise dieses Planeten Erde, und somit dieses ganzen Sonnensystems, vor sich gegangen war. Neue, gewaltige Aufgaben harrten ihrer, Aufgaben, von denen sich ein Uneingeweihter keinen Begriff machen kann, Aufgaben kosmischer Natur, wo Eingeweihte und Vollendete (vollendet bezüglich ihrer Lebensbahn im Bereich des Irdischen) in die Seligkeit des Herrn eintreten als niemals mehr untreu werdende Diener, die nichts weiter als nur dienen wollen in Bescheidenheit und völliger Unterwerfung unter den Willen Gottes, d. h. „Einssein mit Gott" oder „Wiedergeboren-Sein". Mein „zweites Ich" konnte also als „Wiedergeboren" in die allergrösste Seligkeit eingehen, verzichtete jedoch darauf und erklärte warten zu wollen, bis ich ebenfalls so weit wäre, was gar nicht mehr sehr lange dauern würde. Ich wehrte ab. Ich bat und flehte mein „zweites Ich" an, sich nicht aufhalten zu lassen durch mich. Meine „frühere Frau" schüttelte aber ihren Kopf und bemerkte — diesmal mit engelgleicher klarer Stimme — sprechend:

„Nein! Ich verlasse dich nicht. Du bist ich, und ich bin du! Wir beide sind eine Einheit. Ich warte. Ich versäume nichts weiter und bin sonst restlos glücklich. Nichts kann mich sowieso mehr anfechten. Ich werde dieses mein Leben, obgleich schon ‚wiedergeboren', so lange fortsetzen, bis du das deinige abgeschlossen hast. Du hast von Meister Z gehört, was deine Aufgabe noch sein wird. Erledige dich ihrer erst, und dann wird auch dir es möglich sein, bald die ‚Wiedergeburt' zu erreichen. Dann sind wir vereint und verlassen dieses ganze Wirkungsfeld für immer für grössere Aufgaben, die wir dann aber zusammen — als Einheit im Handeln, aber in aller Ewigkeit als zwei getrennte ‚Individualitäten' — fortsetzen, dabei jedoch niemals mehr anders als nur ‚eins' im Denken und Handeln sein werden. Das wird ein Zustand der Seligkeit für uns als dann ‚Geistige Einheit' sein, von der wir uns jetzt noch nicht einmal eine Vorstellung zu machen vermögen."

Ich konnte darauf nicht antworten. Ich war innerlich zu sehr aufgerüttelt. Da fuhr mein „zweites Ich", weiter sprechend, fort:

„Wir werden aber bis zur endgültigen Vereinigung nicht ganz getrennt sein. Ich werde öfters bei dir sein, wenn du träumst, auch um dich sein bei deinen Studien und deinem Forschen. Helfen könnte ich dir wohl, aber nur, wenn du darum fragst. Bedenke: Auch du musst die Lösung selbst finden, wie ich sie gefunden habe. Noch eins. Unser Schicksal ist von jetzt ab schon inniglichst seelisch und geistig verbunden. Fällst, du, d. h. erreichst du jetzt nach dieser Zusammenkunft, wo ich mich dir als dein ‚zweites Ich' offenbarte, nicht die ‚Wiedergeburt', so kann ich ewig nicht weiter. Im Reich Gottes kommen wir nur vorwärts durch Arbeiten füreinander, d. h. für andere und nicht für sich."

„Ich werde die ‚Wiedergeburt' erreichen! Das gelobe ich dir! Ich will mit dir möglichst bald für immer vereint sein, du mein Alles."

Mein „zweites Ich" lächelte beglückt, aber auch mitleids- und verständnisvoll. Sie schien zu spüren, dass auf einmal meine innige Liebe für mein „zweites Ich" sich mit Gefühlen für mein „ehemaliges Weib" vermischten.

Sie bemerkte daher nun, ruhig und sachlich, aber doch innig und herzlich sprechend:

„Nun höre noch kurz zu, ehe wir uns wieder trennen! Ich sagte dir, dass ich ab und zu bei dir und um dich sein werde, um dich zu stärken und aufzuklären und zu unterweisen, wenn du solches wünschest, aber das alles darf dich nicht in deinem irdischen Lebenslauf hindern. Solange du Mensch bist, musst du als Mensch leben und wirken. Solltest du beispielsweise also noch jemanden kennen lernen, den du ehelichen möchtest, tue das ruhig. Dadurch erleidet dein Verlangen nach endgültiger Vereinigung mit deinem ‚zweiten Ich', mit mir, keine Einbusse. Es besteht ein himmelweiter Unterschied zwischen einer irdischen Ehe und einer solchen, die wir ‚Wiedergeburt' und ‚Wiedervereinigung zweier Ichs' des positiven und negativen, des männlichen und weiblichen Teils des Ichs, nennen. Das ist dann die ‚Himmlische Ehe', die unlösbar ist für alle Ewigkeit. Solltest du dich auf Erden nochmals verheiraten, so sei aber auch zu deiner Frau, die du dir zum irdischen Weibe nimmst, obgleich sie nicht dein ‚zweites Ich' ist, stets ein liebevoller Ehegatte und treusorgender Gemahl. Vergiss nicht: auch sie hat einen Partner ihres ‚Ichs' irgendwo. Wenn sich zwei heiraten, die nicht himmlische Partner sind, so ist eine solche Ehe trotzdem sehr wertvoll für beide Teile, denn beide lernen das Zusammenleben, das dann nie mehr unterbrochen wird im Himmel, wenn beide Teile eines ‚Ichs' sich für immer verschmolzen haben. Und jedes menschliche Wesen hat so einen Partner, wenn man auch nicht weiss, wo er sich gerade in der Entwicklung befindet und ob er gerade zur nämlichen Zeit auf Erden lebt."

Bruder Xerx trat wieder ein, lächelte und bemerkte:

„Ihr beiden himmlischen Eheleute! Ist es nicht an der Zeit, dass ihr euch jetzt wieder trennt? Bruder Amo weiss jetzt alles, und an ihm liegt es nun, möglichst bald das Endziel der ‚Wiedergeburt' zu erreichen und damit dann wirklich die niemals mehr endende himmlische Ehe zu schliessen."

Mein „zweites Ich" kam nochmals auf mich zu und umarmte mich inniglich, wobei es mich so unbeschreiblich wunderbar durchflutete, wie es nirgends etwas Aehnliches an Gefühlen sonst auf Erden gibt.

Am nächsten Morgen konnte ich mich merkwürdigerweise an das Erlebnis vom Abend vorher nicht erinnern. Erst als wir aufbrachen und sich Bruder Xerx, bei mir vorübergehend, nach vorn an den Anfang der Karawane als Führer begab und mir freundlich lächelnd zunickte, war es mir plötzlich, als ob ich etwas wüsste, woran ich mich aber durchaus nicht zu erinnern vermochte. Erst später kehrte die volle Erinnerung zurück.

Vielen Lesern, die meinen „Mitteilungen" gefolgt sind, mag das, was ich über mein Zusammentreffen mit meinem zweiten „Ich" berichtete, nicht nur phantastisch, sondern auch unwahrscheinlich vorkommen. Alle diese Zweifel erübrigen sich für diejenigen, die die Offenbarungen durch Jakob Lorber gelesen haben. Es heisst da an einer Stelle: „Da keine Menschenseele, wenn sie einmal aus den Elementen des Naturreiches gebildet wurde, ihre Persönlichkeit je mehr verliert, so wird auch bei einem solchen geistig wiedergeborenen und vollendeten Paare der Mann sowohl wie das Weib ewig eine gesonderte Persönlichkeit bleiben. Aber infolge der ursprünglichen geistigen Zusammengehörigkeit wird zwischen ihnen in alle Ewigkeit eine ganz besondere, einzigartig wohlgestimmte und höchst wonnevolle gegenseitige Ergänzung und Wechselbeziehung bestehen."

Man wird vielleicht fragen, wieso es komme, dass ich als ein sogenannter Eingeweihter aus einer indischen Meisterschule so genau mit dem deutschen Mystiker Lorber und seinen Offenbarungs-Werken vertraut bin. Das ist einfach deswegen der Fall, weil alle wahren Schulen zur Meisterschaft über alle geistigen Bestrebungen und alle Mystiker vollständig auf dem Laufenden sind. Das ist ja ihr Studiengebiet. Das ist ihre Lebensaufgabe. Dafür unterwerfen sie sich den verschiedensten schweren Prüfungen, um die „Meisterschaft" zu erlangen, nicht um über die Menschen zu herrschen, sondern um die geistige Entwicklung der Menschheit zu überwachen und dafür zu sorgen, dass alles geistige Suchen und Streben immer wieder einmündet in den einzigen grossen Strom, der zu Gott zurückführt. Und wie erfolgt diese Ueberwachung? Darüber werden nun die restlichen Mitteilungen Auskunft geben, soweit mir das möglich und erlaubt ist.

Es sei auf zwei Umstände dabei besonders verwiesen. Die Erringung der Meisterschaft ist schwer, sehr schwer, aber für niemanden unmöglich, auch nicht über diesen schweren Weg. Doch für die Mehrzahl der Menschheit gibt es leichtere Wege. Das sind die Lehren ihrer jeweiligen Religionsstifter. Die Abendländer sind der Gnade teilhaftig geworden, Gott selbst als Jesus Christus unter sich gehabt zu haben und von ihm selbst belehrt worden zu sein. Er gab uns einen leichteren Weg, den, nur seine einfachen Liebesgebote zu halten. Diejenigen nun, die wie ich den Weg zur Meisterschaft durch ungeheuer schwere Arbeit gesucht und gefunden haben, taten das nur zu dem Zweck, Gott zur Verfügung zu stehen als allerwilligste Instrumente, als seine Palladine, als seine „Knechte". Und so haben wir als solche „Knechte des Herrn" Aufgaben zu erfüllen, zu denen wir uns aus freien Stücken durch die schwere Schulung präparieren. Unsere Aufgabe voll den andern zu erläutern, die nicht diese schwere Schulung durchmachten, ist ebenso unmöglich, als ob ein Fein-Mechaniker einem nicht mechanisch veranlagten Menschen die Finessen seines Berufes in seiner technischen Ausdrucksweise klarmachen wollte.

Ich gebe euch, liebe Landsleute, in Nachfolgendem — und das ist meine letzte Aufgabe in diesem irdischen Sein, das bald abgeschlossen sein wird — Gott sei's gedankt — nun einen Ueberblick über meinen weiteren Ausbildungs-Gang, der euch gleichzeitig auch mit meinen Aufgaben vertraut machen wird, wie sie von mir und vielen, vielen anderen durchgeführt werden, die gleichfalls zur Meisterschaft gelangt sind.

Meine Ausbildungszeit, die aufs allergründlichste durchgeführt wurde, gestaltete nicht nur meine ganze bisherige Denkweise, sondern auch mein Leben völlig um. Der Unterricht war anfänglich immer noch eintönig, doch wurde er bald interessanter. Mir stand jetzt zum Lernen und Nachschlagen eine Bibliothek zur Verfügung, wie sie wohl niemals sonst öffentlich irgendwo bestanden haben mag. Selbst die berühmteste Bibliothek aller Zeiten, die im alten Alexandria — ehe sie verbrannt wurde — kann nicht mit der Bibliothek verglichen werden, die uns zur Verfügung stand. Ausser dieser Bibliothek lernten wir aber auch bald — es nahm mich jedoch fast ein Jahr, ehe ich das gründlich beherrschte —, uns jenes Aetherstoffes zu bedienen, der im Orient „Akasha" genannt wird und mittels dessen wir bestimmte Vorgänge aus der ältesten Vergangenheit der Menschheit für uns wahrnehmbar gestalten können und auch manches zu gestalten vermögen, was sich in der Zukunft entwickeln wird. Ich schreibe hier durch mein Instrument, den Herausgeber des „Geistigen Lebens“, ausdrücklich „entwickeln“, denn infolge des freien Willens der Menschheit ist es auch uns „Meistern“ nicht möglich, jede Einzelheit der Zukunft richtig vorauszusehen. Doch die grossen Richtlinien lassen sich erkennen, ähnlich wie beim irdischen Denken durch Folgerungen und Ziehen von Konsequenzen aus Ursachen, die weit, weit zurückliegen, die uns aber wahrnehmbar sind durch „Akasha“. Doch auch hier schon ist es beinahe unmöglich, mehr zu sagen, da die rechte Verständigungs-Sprache dafür fehlt.

Lasst mich hier, liebe Landsleute, eine frohe Botschaft für die Menschheit einfügen. Was immer die Zukunft bringen mag, niemals kann jemand, der Gott über alles liebt, davon überwältigt werden. Alle kommenden Gerichte erreichen nur diejenigen, die entweder gleichgültig sind, überhaupt nichts glauben oder seelisch und geistig tot sind. Daher folgt alle den Weisungen eurer jeweiligen Religion, und vertieft euch in diese noch mehr durch ergänzende Aufschlüsse und Belehrungen der Mystiker, die alle Gottgesandte sind, um das religiöse Gefühl in Seele und Geist des Menschen nicht ganz verkümmern zu lassen.

Es nahm mich viele Jahre allerernstesten Studiums, ehe ich das erste Examen ablegen durfte. Es war nicht so schwer, und ich bestand es spielend. Das zweite Examen war schon schwerer. Ich musste beweisen, dass ich gelernt hatte, nicht nur mein Gefühlsleben im Wachzustande unter völliger Kontrolle zu haben, sondern diese Kontrolle auch im Schlafe ausüben zu können. Und das ist, glaubt es mir nur, wirklich nicht leicht. Ich wurde in magnetischen Schlaf versetzt, und mir wurde ein Traumgebilde vorgeführt, das mich auf jede Weise gefühlsmässig aufs Allerstärkste versuchte. Manchmal fürchtete mein geistiger Lehrer und Führer, ich würde die Probe wohl doch nicht bestehen können, doch immer nach anfänglichem Wanken bekam mein „Erlebnis-Bewusstsein“, mein „Ich“, wieder Halt über mein Gefühlsleben und wies alle Versuchungsproben zurück. Nach jeder bestandenen Probe fühlte ich gleichzeitig, wie ich weiter gewachsen war.

Der allerinteressanteste Unterricht war zweifelsohne der, den man vielleicht — analog dem bekanntgewordenen „geopolitischen" Forschen — als „geospirituelle Entwicklung" bezeichnen kann. Wieder unter Benutzung des ätherischen Stoffes „Akasha" lernte ich die Entwicklung der Erde und sah, wie sich eine Erdenentwicklungs-Epoche aus der andern herausbildete.

Wie ich bei diesem „geospirituellen" Forschen mit Hilfe des ätherischen Stoffes „Akasha" sehen und beobachten konnte, gab es eigentlich nicht so sehr eine „Entwicklung" als vielmehr eine „Entfaltung" der Schöpfung, wobei sich Einblicke in göttliches Schaffen und Walten boten, gegen die alles Forschen unserer Gelehrten einfach Kinderspiel ist. Das „geospirituelle Forschen" zeigte u. a. auch, dass Gott in seiner Schöpfung stets nach den allereinfachsten Prinzipien arbeitet und schafft und wir die Einfachheit in seinem Wirken nur nicht zu erkennen vermögen, weil wir beim gewöhnlichen Forschen eben überall Schwierigkeiten und Hemmungen vermuten, wo in Wirklichkeit die allergrösste Einfachheit herrscht, was übrigens geradezu das Mysterium alles göttlichen Schaffens zu sein scheint.

Bei meinem „geospirituellen" Unterricht erfuhr ich u. a. auch, was die Eiszeiten verursachte und warum sie überhaupt eintreten mussten. Ferner wurde mir einfach logisch klar, warum bestimmte Tierarten auf einmal fast gänzlich verschwinden mussten, ferner warum ein grosser Planet, der einstens zwischen den Bahnen der Planeten Mars und Jupiter um die Sonne kreiste, zerbarst und nun nur noch als ein „Trümmerfeld", als die „Asteroiden", seine Bahn weiter um die Sonne beschreibt. Ich erhielt auch Einblick in die Ursachen dieser ungeheuren Katastrophe, die ein wunderbar entwickeltes und fortgeschrittenes Menschentum einfach in Nichts auflöste. Mir wurde auch bewusst, warum es zu solcher Katastrophe hatte kommen müssen, weil nämlich auf dem zersprungenen Planeten die Menschen trotz dauernder Warnung falsche Wege gegangen waren, Wege, die auch unsere törichte Menschheit gern einschlagen möchte, was aber durch Erdkatastrophen, gewaltige Verheerungen, Kriege und Hungersnöte, sowie Epidemien immer rechtzeitig vermieden werden wird, damit diese Erde nicht ebenfalls einem Schicksal wie der zersprungene Planet anheimfallen mag. Ich ersah daraus, dass an allem Verheerenden, was die Erde heimsucht, die Menschen selbst schuld sind. Würden sie die von Gott gezeigten Wege wandern, das irdische Leben könnte ein anderes, viel besseres, viel leichteres für die gesamte Menschheit sein. Doch der Menschengeist muss sich in völliger Freiheit entwickeln, daher muss es auch das geschilderte Ungemach für die Menschen geben, wenn diese durchaus nicht die rechte Entwicklungsrichtung beibehalten wollen.

Ich bekam einen wundervollen Einblick in die inneren Zusammenhänge des Seins, nahm wahr, welche innige Verbindung selbst dort besteht, wo man keinerlei Zusammenhänge ahnt. Es sind Zusammenhänge, die teils entwicklungsbedingt, teils deswegen so sein müssen, weil sie einmal zueinander drängen und neue Werke bilden und formen werden, wovon sich die jetzige Menschheit noch gar keinen Begriff zu machen versteht. Mir wurde im Verlaufe der Jahre gezeigt, zu was für einem unbegreiflich machtvollen Geschöpf jeder Mensch werden könnte, wenn er den Weg gehen würde, der ihm von Gott selbst gezeigt ist. Doch gleichzeitig sah ich auch die unzähligen Entwicklungs-Linien, die zu dem erwähnten Endziel hinführen, so dass also in seinem geistigen Entfaltungsprozess dem Menschen ein gewaltiger Spielraum für Auswahl gemäss seinem freien Willen belassen ist. Niemals jedoch kann der Mensch der leitenden und führenden Hand Gottes entschlüpfen, wenn er sich das möglicherweise auch einbildet. Wenn man das so alles sah und wahrnahm, empfand man fast Mitleid mit jener Menschheit, die so ins Blaue hineinlebt und sich um nichts kümmert ausser darum, dass man sich möglichst viel irdische Güter zulegt, die einem doch nichts nützen, da man sie beim Sterben alle hier zurücklassen muss.

Von Zeit zu Zeit jedoch wurde der theoretische Unterricht unterbrochen, und man musste ganz einfache Arbeiten verrichten. So gehörte ich verschiedene Male sogenannten „Arbeits-Kolonnen“ an, die ein oder mehrere Uebernachtungsstätten im Hochgebirge mit Feuerungsmaterial und Lebensmittelvorräten zu versehen und sie aufrecht zu erhalten haben, Uebernachtungsstätten, wie ich in solchen selbst bei meinen beschriebenen Transport-Touren übernachtet hatte. Auch Transport-Kolonnen begleitete ich ab und zu. Kurz, der Unterricht war niemals so, dass man einseitig werden konnte. Die seelische Entwicklung war die Hauptsache; doch wurde auch grosser Wert darauf gelegt, dass der irdische Körper immer geeignet blieb, mit der weiteren Entwicklung der Seele gleichen Schritt zu halten insofern, dass dieser sich den Entfaltungskräften der Seele anpasste. Viel Wert wurde bei dieser physischen und psychischen Entwicklung auf eine einfache Lebensweise, auf viel Aufenthalt im Freien, besonders auf die Einwirkung der wunderwirkenden Strahlen der Höhensonne gelegt, gegen deren sonst manchmal geradezu tödlichen Einwirkungen (Verbrennungen) man sich durch bestimmte Vorsichtsmassnahmen schützte.

Für eine gewisse Zeit wurde ich auch mit der Beaufsichtigung und Verwaltung jenes seltsamen Museums betraut, dessen schon einmal Erwähnung getan wurde, wo von jedem Schüler des Meisters eine bestimmte Nachbildung vorhanden war, die mit dem Schüler selbst in einen magnetischen Rapport gesetzt war, so dass sich an der Nachbildung, wie an einer elektrischen Aufzeichnungs-Maschine, jede Entwicklungsphase widerspiegelte. Liess der betreffende Schüler in seinen Bemühungen nach, so wurde die Nachbildung verschwommen. Es war, als welkte sie dahin. Machte jedoch jemand Fortschritte, so sah die Nachbildung klar und frisch aus. Ab und zu war es den Schülern auch gestattet, das Museum selbst zu besuchen und sich an ihrer Nachbildung davon zu überzeugen, wie weit oder wie wenig sie vorgeschritten waren. Leider ist es mir nicht erlaubt, mehr über die Form dieser Nachbildung zu verraten, da sie von willensstarken Menschen — wenn auch nur in abgeschwächter Form — nachgemacht und damit ungeheures Elend angerichtet werden könnte, wenn der Nachbilder ein skrupelloser Charakter sein sollte. Es hat schon Phasen in der Kulturgeschichte der Völker gegeben, wo solche Einrichtungen an Höfen von Herrschern gang und gäbe waren und zu allerlei Staats- und sonstigen Intrigen benutzt wurden. Das war übrigens auch einmal am Hofe eines der vielen Duodez-Fürsten in der alten Heimat der Fall, als es noch die unzähligen kleinen Fürstentümer, Herzogtümer und Königreiche gab.

Je weiter ich in der Entwicklung fortschritt, desto interessanter wurde der Unterricht. Ab und zu gewannen wir Einblicke in gegenwärtige oder zukünftige Entwicklungen — letztere nur als Entwicklungsmöglichkeiten — mittels des ätherischen Stoffes „Akasha". Diese Vorführungen hatten etwas Aehnlichkeit mit den heutigen Filmvorführungen, ausser dass sie durch Gedankenkraft der jeweiligen Lehrer oder des Meisters selbst geformt und belebt wurden. Oft, wenn ich jetzt von Erfindungen und Entwicklungen und von den daran geknüpften wissenschaftlichen Erklärungen und Erläuterungen lese, wünschte ich, diese Gelehrten würden nur ein einziges Mal mit dem ätherischen Stoffe „Akasha" vertraut werden und arbeiten können. Aber erst, wenn die Gesamtmenschheit auf einer höheren Stufe der Ethik und Moral, und damit bei einem wirklichen Verantwortungsgefühl angelangt sein wird, erst dann kann das Geheimnis von „Akasha“ für die Allgemeinheit geoffenbart werden.

Nachdem ich drei der Examina bestanden hatte und somit schon in gewisser Beziehung vorgeschritten war, wurde ich zum ersten Male in den sogenannten Inneren Zirkel zugelassen, wo die Lehren und Unterweisungen die esoterische Seite des Lebens und Seins berühren. Was ich hier erleben durfte, nimmt sich für die Leser so phantastisch aus, dass ich es kaum erwähnen möchte und es nur hier an dieser Stelle andeutungsweise tue, weil ich weiss, dies Büchlein wird nur von solchen gelesen, die mit wirklichem Ernst an das Erforschen der seelischen und geistigen Entwicklung herantreten. Als ich das erste Mal einem Zusammensein des Inneren Zirkels beiwohnte, wurde ich als Neuling von Meister Z — die anderen brauchten das nicht mehr — in sogenannten „magnetischen Schlaf“ versetzt, wobei ich hellsehend wurde und ich auf einmal nicht mehr die Stätte des Meisters Z als solche sah, sondern nur noch einen Nebel in einer wunderbar friedlichen Umgebung voller Farbensinfonien und voller Klänge wundervollster Art wahrnahm, die um mich herum verspürbar wurden. Gleichzeitig sah ich von oben her Wesenheiten kommen u. sich zu uns setzen, deren blosse Gegenwart mich mit einer unbeschreiblichen Wonne erfüllte. Es waren Wesenheiten — teils weit vorgeschrittene verstorbene ehemalige Menschen, teils sogenannte „interplanetarische“ Wesenheiten, die noch niemals Mensch gewesen waren —, die sich zu uns setzten und mit uns berieten. Berieten über was? Ueber Einflüsse, die von Bewohnern der andern Planeten auf unsere Erde ausgeübt werden und über die Folgen, die das jeweilige Handeln der Erdenmenschen auf die anderen Planeten, deren Menschen und Einrichtungen haben. Jawohl, so eng ist der Zusammenhang des ganzen Kosmos unter- und miteinander, dass auch wir bei unserm Handeln durch die dabei erzeugten Vibrationen auf „Akasha“ und auf noch feinere Aether-Stoffe derart einwirken, dass die Vibrationen davon bis auf die anderen Planeten des Sonnensystems, ja sogar noch weiter reichen.

Bei solchem Unterricht eröffneten sich Weiten des Forschens und Erforschens für den denkenden Menschen, von denen sich ein Uneingeweihter überhaupt keine Vorstellung zu machen vermag.

So langweilig am Anfang der Unterricht gewesen war, so interessant und abwechslungsreich war er jetzt; tatsächlich so abwechslungsreich, dass man überhaupt nicht mehr genug davon bekommen konnte. Wenigstens war das bei mir so. Ein Heisshunger nach mehr, immer mehr Kenntnissen solcher Art hatte mich wie eine Leidenschaft erfasst. Ich wunderte mich, dass das unter meinen Mitstudierenden nicht auffiel. Doch kein Zeichen verriet mir das. Es war aber trotzdem der Fall. Mein Heisshunger nach Wissen hatte mich wie eine Leidenschaft ergriffen, jawohl, Leidenschaft, die darin bestand, dass ich mich so oft wie möglich selbst in magnetischen Schlaf versetzte — das konnte ich jetzt nach meinem dritten bestandenen Examen — und eigene Erkenntnisse in feineren Daseins-Ebenen zu sammeln versuchte. Das war gestattet, ja sogar ein Teil des allgemeinen Lehrpensums in den höheren Semestern. Bei mir überschritt es aber eine bestimmte Grenze. Es wurde zur „Sucht", anstatt nur zum Suchen!

Es wunderte mich daher nicht, dass mich eines Tages Meister Z wieder mal zu sich entbot. Es empfing mich sehr freundlich, und seine Herzlichkeit liess wirklich nichts zu wünschen übrig. Nach einigen einleitenden und teilnahmsvollen Worten und Sätzen fuhr er plötzlich fort:

„Lieber Bruder Amo! Ich bin mit deinen Leistungen sehr, sehr zufrieden, und in drei bis vier Jahren wirst du die Meisterschaft erreicht haben. Zur Zeit machst du aber einen Zustand durch, von dem du anscheinend selbst nichts weisst, jedenfalls diesen Zustand nicht als unerwünscht empfindest. Daher muss ich dich darauf aufmerksam machen. Du darfst dein Suchen nicht übertreiben und zur ‚Sucht' werden lassen. Du weisst, was ich meine."

Ich fühlte mich getroffen und schwieg.

Nach einer kurzen Pause fuhr Meister Z fort:

„Du willst die Meisterschaft erreichen. Nur derjenige ist aber Meister, der sich selbst meistert und nicht gemeistert wird. Ein fast unersättlicher Drang nach Wissen hat von dir Besitz ergriffen wie irgendeine Leidenschaft des gewöhnlichen Lebens. Du bist wie ein Trunkenbold, der nur dauernd seinen Durst stillen muss. Von dieser Leidenschaft musst du geheilt werden. Du bist vielleicht zu schnell vorwärtsgekommen, zu schnell ‚reif' geworden. Daher muss der Reifungsprozess bis zur Vollreife, d. h. bis zur Zeit, die für solche Vollreife erforderlich ist, etwas gehemmt werden, damit du wieder dein natürlich wachsendes, ausbalanciertes Gleichgewicht erhältst. Du wirst daher deinen Unterricht für zwei Monate unterbrechen und wieder eine Träger-Kolonne nach Tibet begleiten."

Hatte ich bisher immer nur Liebe, nichts als Liebe für Meister Z empfunden, so stieg jetzt plötzlich Zorn in mir gegen ihn auf, Zorn, weil ich etwas gewaltsam unterbrechen sollte, was mir lieb und teuer geworden war und was ich selbst für voll berechtigt und absolut edel und selbstlos hielt.

Meister Z spürte natürlich diese meine Gefühlswallung und sprach mit milder, väterlicher Stimme auf mich ein:

„Lieber Amo! Tue dir nur keinen Zwang an. Gib vorübergehend diesem Ungestüm, der fast Zorn ist, ruhig Ausdruck, um die Spannung zu beseitigen, die dich nicht erkennen lässt, wie weit du tatsächlich schon ‚bemeistert' bist, wo du Meister sein sollst. Dein an und für sich gerechtes, edles und ernstes Forschen ist aber nun nicht mehr ‚Mittel zum Zweck', sondern ‚Selbstzweck' für dich geworden, und zwar so stark, dass du in ein völliges Abhängigkeitsverhältnis gelangt bist. Die Eindrücke der Aussenwelt werden dich nun ablenken, körperlich erfrischen, seelisch stärken, und du wirst dein ausbalanciertes Gleichgewicht wiedererlangen. Du weisst doch durch dein bisheriges Studium, dass niemals ein Mensch die Schöpfung ‚meisternd' umfassen und begreifen kann durch lediglich intellektuelles Forschen. Nur durch selbstlose Liebe eröffnen sich ihm alle Geheimnisse der Welten und des gesamten Kosmos. Erst wenn Intellekt und Gefühl vereinigt sind durch ‚Wiedergeburt im Geiste', durch Erlangen der wahren ‚Kindschaft Gottes', erst dann durchschaut der Verstand, der Intellekt, alles als Intuition, zu der er durch Liebe des Herzens infolge der ‚Wiedergeburt im Geiste' gekommen ist. Du hast die ‚Wiedergeburt im Geiste' aber noch nicht erreicht, und so wirst du von deinem Verstand jetzt nur ewig im Kreise herumgeführt. Das Herz arbeitet dabei auch mit, aber auch noch ungeordnet, nur als Leidenschaft. Darum, lieber Amo, musst du dein Studium unterbrechen. Du wirst mir später dankbar für diese Entscheidung sein, und du wirst als ein ganz Anderer zurückkehren, zumal dir auf dieser Reise auch noch ein anderes, besonderes Erlebnis bevorsteht. Bist du mir noch böse?"

Dabei lächelte mir Meister Z so liebevoll zu, dass mich eine Welle innigster Freundschaft zu ihm hinzog. Ich stand auf und eilte auf ihn zu. Er erhob sich ebenfalls vom Sitz und umarmte mich.

So machte ich mich also wieder als einfacher Träger auf den Weg nach Tibet. Meine Studiengenossen fanden daran weiter nichts Erstaunliches, da ja jeder weiss, dass er doch das Ziel bei ernstem Streben erreichen wird, wobei es auf einige Monate eher oder später nicht ankommt. Man kennt dort beim Studieren auch keinen Ehrgeiz, einen andern übertreffen zu wollen. Dort kennt man nur ein Verlangen, nämlich seine Mitstudierenden an Entgegenkommen, Freundlichkeit und Herzlichkeit zu überbieten.

Wieder leitete Bruder Xerx die Kolonne. Er hatte so etwas Frisches und Unverwüstliches an sich, dass man schon Lebensmut und Lebensfreudigkeit empfand, wenn er einen ansah, anlächelte oder gar ansprach. Wir schlugen diesmal, wie mir vorkam, eine andere Richtung ein und bewegten uns nicht nur auf Hochplateaus, sondern auch durch verschiedene Täler, die voller Blumen prangten und ein reiches Tierleben aufwiesen. Einige der Täler waren geradezu entzückend, besonders die tieferliegenden, wo es auch Baumwuchs gab. In einem besonders romantischen Tale befand sich ein See, der von dichtem Baumbestand umgeben war. An dem einen Ende stieg eine steile Felswand kerzengerade aus dem Wasser empor. Etwa nur 300 Meter von der Felswand entfernt, gab es eine mit üppigster Vegetation bewachsene Insel. Dorthin fuhr unsere Karawane hinüber in Booten, die wir am Ufer des Sees vorgefunden hatten

Ich war mit Bruder Xerx im ersten Boote. Als er an Land gestiegen war, hiess er mich, ihn zu begleiten und ihm zu folgen. Die andern sollten im Boote bleiben, bis er sie rufen würde. Ich folgte Bruder Xerx auf den Fersen. Nach zehn Minuten — etwa in der Mitte der Insel — blieb Bruder Xerx stehen, verfiel in Meditation und später in Gebet, wobei er niederkniete. Da er mir keine Andeutung gemacht hatte, warum er das tat, so blieb ich zunächst neben ihm aufrecht stehen. Schliesslich wurde es mir aber langweilig, und ich schlenderte etwas zur Seite. Dabei kam ich ans Ufer der Insel. Auf das Wasser hinaussehend, fiel mir plötzlich eine lebhafte Bewegung auf der Oberfläche auf. Es nahm sich so aus, als ob sich überall Aale bewegten. Deutlicher hinsehend, nahm ich wahr, wie solche von der Insel her überall ins Wasser glitten und davonschwammen. Auch neben mir drängten sich mehrere ins Wasser.

Doch, das waren ja — wie ich nun sah — überhaupt keine Aale, sondern — Schlangen.

Ich sah mich nach Bruder Xerx um. Der stand plötzlich hinter mir, lächelte mich an und bemerkte:

„Verstehst du jetzt, warum ich meditierte?"

„Du hast die Schlangen von der Insel vertrieben?"

„Recht", lachte er in seiner ewig freundlichen Art.

„Aber warum sind wir denn auf diese Insel übergesetzt, wenn es hier so viele Schlangen gibt? Wir hätten doch ebenso gut auf dem Lande dort drüben bleiben können."

„Hast auch wieder recht damit. Doch ich wollte die Karawane hier übernachten lassen, weil ich dir hier auf dieser Insel etwas zeigen will, was mit in dein Studium von den ‚Lebens-Funken'-Wesenheiten — Naturgeistern — gehört. Hier, diese Insel, ist eine Oertlichkeit, wo einstens eine Stadt stand, die dann durch Erdbeben und Unwetter vernichtet wurde, weil ihre Bewohner zu sündhaft geworden waren. An solchen Stätten sammelt sich dann gewöhnlich gern alles giftige Ungeziefer an, weil dort eine Aura herrscht, die solchen ‚Lebensfunken'-Wesenheiten, wie Schlangen, Skorpionen und giftigen Spinnen am angenehmsten ist. Heute Nacht nun will ich dich in magnetischen Schlaf versetzen, und du sollst praktisch etwas erleben, was du theoretisch schon lange begriffen hast."

Ich war neugierig auf das, was ich im „magnetischen Schlafe" erleben sollte. Wie mir Bruder Xerx erklärte, sei die beste Zeit für dieses Experiment etwa um die Mitternachtsstunde. Ich wusste von meinen Studien her, dass die Mitternachtstunde sehr bedeutungsvoll ist, hatte aber noch nie eigentlich so darüber nachgedacht, warum das nun wohl der Fall ist. Ich hatte das bei meinen Studien einfach als selbstverständlich hingenommen. Da wir noch Zeit bis Mitternacht hatten, so liess ich mich mit Bruder Xerx darüber in eine längere Debatte ein, deren Ergebnis Bruder Xerx nach längerem freundschaftlichen Diskutieren etwa folgendermassen zusammenfasste:

„Steht die Sonne gerade auf der entgegengesetzten Seite eines gegebenen geographischen Punktes, so übt sie so gut wie gar keinen Strahlungsdruck mehr auf diesen Punkt aus. Die Folge ist, dass

lurcherlebte Schauerliche erneut durchmachen, dann aber verstärkt."

Wir schwiegen darauf, und jeder hing seinen Gedanken nach. Dabei wurde ich schläfrig und fühlte mich wie gehoben und schwerelos. Zu gleicher Zeit veränderte sich plötzlich die Umgebung für mich. Die Bäume und das üppige Gras der Insel verschwanden, und dafür zeigten sich gepflasterte Strassen, auf denen sich Ochsen- und Pferde-Gespanne bewegten. Ab und zu fuhr auch, von einem Krieger im wallenden Gewande gelenkt, ein Streitwagen durch die Strassen. Die Bewohner schienen zufrieden zu sein und alle friedlich ihrer Beschäftigung nachzugehen. Goldiger Sonnenschein lag über allem ausgebreitet. In der Ferne zeigte sich ein Brücke, die von der Insel nach dem Festlande führte, wo eine grosse Stadt zu sein schien. Auf der Insel selbst schien der Sitz der Regierung zu sein. In der Mitte befanden sich, unter Pinien verborgen, herrliche Bauwerke. Nachdem ich das Bild hatte auf mich einwirken lassen, zeigte sich ein anderes. Die Landschaft veränderte sich. Es war dunkel und stürmisch. Ueberall herrschte Unruhe. Die Strassen waren voller Soldaten, bewehrt mit Streitaxt, Lanzen, Schwertern, Pfeil und Bogen. Bald darauf sah ich, wie ein anderes Heer einrückte, das die Soldaten auf den Strassen und die Bewohner in den Häusern tötete oder zu Sklaven machte. Dann zeigte sich mir auf einmal wieder die Insel wie sie jetzt ist — verödet, mit Gras und Bäumen. Ich war wieder völlig bei mir.

„Du hast", so sprach mich da plötzlich Bruder Xerx an, „soeben eine der Kulturstädte, die hier auf dieser Insel standen, und deren Untergang gesehen. So sind hier sechs Städte als Mittelpunkte besonderer Kulturen verschwunden. Ihre Ruinen ruhen über- bezw. untereinander. Es genügt, dass du eine Kultur davon gesehen hast in deinem Schlafe. Was du jetzt jedoch sehen sollst, ist die letzte gewesene Bewohnerschaft dieser Insel, die als Folge der Sittenlosigkeit, die unter den nacheinander aufgesprungenen Kulturen immer grösser wurde, unterging. Jedesmal vererbte sich statt der Kultur Sittenlosigkeit, bis diese einen Grad erreichte, die zu einem grossen Erdbeben führte, durch das die letzte Kulturstätte für immer vernichtet wurde. Nun schlafe wieder ein und beobachte, was sich dir jetzt zeigen wird."

Damit fühlte ich mich erneut in „magnetischen Schlaf" versetzt.

Abermals veränderte sich alles um mich herum. Was ich jetzt sah, war eine Strassenszene auf einem Markt, wo Sklaven verkauft wurden. Ich sah Karawanen kommen, die gefesselte Menschen mit sich führten, auf die Aufseher mit Geisseln einschlugen. Unter den herzlosen Peitschenhieben brachen junge Mädchen und Jünglinge blutüberströmt zusammen. Sobald das geschah, wurden sie von der Jochstange entkettet und blieben blutüberströmt und unter Schmerzen zuckend neben dem Weg liegen, während die Karawane selbst weiterzog. Die anderen Sklaven warfen trostlose Blicke der Verzweiflung auf die Zurückbleibenden. Die Wächter und Aufseher achteten nicht mehr auf die verblutenden Menschen. Es war ein schauriger Anblick. — Die Szene wechselte. Im hellsten Sonnenschein lag ein Marktplatz da, auf dem die mit Karawanen eingetroffenen Sklaven meistbietend verkauft wurden. Es wurde gehandelt und gefeilscht. Wieder wechselte die Szenerie. Diesmal zeigten sich wundervolle Baulichkeiten. Der grösste Wohlstand schien zu herrschen. Und doch war eigentlich nirgends Zufriedenheit wahrzunehmen. Jeder schien lebensunlustig zu sein. Es herrschte keine Fröhlichkeit vor. Alles Leben auf den Strassen hatte etwas Monotones an sich. Ueberall bewegten sich unter den Massen Uniformierte, die respektvoll behandelt wurden; doch schien man sie mehr zu fürchten als zu achten. — Erneut wechselte die Szene. Es bot sich wieder ein neues Bild. Die Menschen schienen sehr fröhlich zu sein. Ueberall herrschte Heiterkeit auf den Strassen und Plätzen. Die Stadt hatte nun ein anderes Aussehen. Es gab keine herrlichen Bauwerke mehr, sondern einfache Baulichkeiten, die mehr Hütten glichen, aber doch herrschte anscheinend Wohlstand. Es schien aber Zügellosigkeit eingerissen zu sein. Frauen gingen sehr frei und aufreizend gekleidet und schienen dominierend zu sein. — Dann ging alles wie in einen Nebel unter, und die Insel erschien so, wie wir sie beim Betreten angetroffen hatten, voller Schlangen u. sonstigem Gewürm. Aber hinter jedem Tier schien eine Menschenform zu hocken, die jedoch nur schemenhaft wahrnehmbar wurde. Diese schemenhaften menschlichen Wesenheiten mit den deutlich hervortretenden Tier-Charakteristiken hausten in den Geröll- und Schuttmassen der Reste ehmaliger gewaltiger Bauten. Die Tätigkeit dieser Wesenheiten schien lediglich im Herumlungern und Herumexistieren zu bestehen.

Dann war es mir plötzlich, als ob mich ein frischer Luftzug umfächelte. Ich wurde ruhelos und — erwachte. Es dauerte eine Weile, ehe ich so richtig wieder zu mir kam. Als das endlich geschah, sah ich Bruder Xerx mir gegenübersitzen und mich stillschweigend beobachten. Er sprach mich nicht an, so dass ich schliesslich selbst das Wort ergreifen musste:

„Ich kann an allen den Traumbildern eigentlich nichts Besonderes finden. Was bedeuten sie?"

„Sie sollten dir etwas vorführen, was du theoretisch zwar schon weisst, praktisch aber noch nicht beobachtet hattest. Die Traumbilder, die du sahst, stellen ‚Existenz-Ebenen' aller der Zeitepochen dar, die du gesehen hast. Die Menschen, die du sahest, sind noch die Geister der entsprechenden Kulturepoche, die an die gleiche Oertlichkeit gebannt sind, weil sie erstens die Gegend liebten und weil sie sich zweitens auch noch nicht weiter bemühten, sich fortzuentwickeln. Du hast so die Bewohner und Verhältnisse von mehreren der hier vorhanden gewesenen Kulturepochen gesehen, deren Seelen noch immer an die hiesige Stätte ihres irdischen Wirkens gebunden sind in einer Art von Uebergangs-Stadium, in dem sie teilweise noch immer nicht wissen, dass sie tot sind — in manchen Fällen kann es ja bekanntlich Jahrhunderte, ja sogar Jahrtausende währen, ehe manche Menschen aufwachen und zum Bewusstsein eines ewigen seelischen Seins kommen. Es gab aber auch Seelen darunter, die wohl wissen, dass sie tot sind, die aber durch ihre Taten und Familien- sowie Freundschafts-Banden, aber auch durch ihr Wirken örtlich festgebannt sind und durch ihre Erlebnis-Vorstellung ‚umgebungsbewusst' die Umgebungs-Verhältnisse ihrer Zeitepoche festgehalten haben. Jede Blütezeit-Epoche der Kulturstätten dieser Inselgegend ist also noch als seelisches Weltvorstellungsbild vorhanden und für die Geister derjenigen, die in diesen Epochen lebten, auch noch wirklich existierend. Das letzte Bild, das du sahst, stellte die Erscheinungsform für diejenigen dar, die nun hier an dieser Stelle ihre örtliche, seelisch-bewusste Hölle gefunden haben durch ihr immer noch wunschgemässes Gebundensein an die Epoche und Verhältnisse ihrer einstigen Lebenszeit hier. Das, was du verschwommen hinter jeder Tiergestalt sahst, war die wirkliche und ursprüngliche Menschenform der Verstorbenen, in der diese sich untereinander sehen und erkennen. Die Tier-Erscheinungsform, die du wahrnahmst, war die Entsprechungs-Erscheinungsform von deren Seelen, wie sie bezüglich ihrer seelischen Entwicklungs-Einstellung und gemäss ihrem geistigen Erwachungszustande dir erscheinen, der du noch unter den Lebenden weilst."

„Ich wusste das theoretisch ja alles schon, aber es war mir doch interessant, dass ich es jetzt selbst mal erlebnismässig wahrnehmen durfte."

„Ja, das hilft beim weiteren Studium. Es bewies dir, wie vielgestaltig und plastisch die verschiedenen Aggregats-Zustände der sogenannten Materie sind, denn alles Seelische ist ja, wie du weisst, auch etwas gewissermassen Materielles, nur von einer unendlichen, feinen plastischen Beschaffenheit. Solche plastische Seins-Ebenen mit ihren Kultur-Epochen durchdringen die Oertlichkeit hier wie Wasser die Poren eines Schwammes. Alle die von dir gesehenen Kulturepochen existieren hier an dieser Stelle räumlich an demselben Ort, ohne dass aber eine von der andern eine Ahnung hat und ohne dass sie sich gegenseitig räumlich stören."

"Könnte beispielweise die Seele einer Kulturepoche in die örtliche Vorstellungswelt einer andern Kulturepoche, die sich ebenfalls hier befindet, eindringen?"

„Ja, aber nur, wenn sie sich der Kulturepoche, in deren seelisches Seinsfeld sie hier eindringen möchte, bewusst wird, sonst nicht. Sonst sind diese Seinsepochen, obgleich örtlich ineinander geschoben, so weit voneinander getrennt wie Raumkluften zwischen Sonnensystemen gähnen."

„Befinden sich solche ineinander geschobenen seelischen Kulturepochen über allen Ruinenfeldern ehemaliger grosser Städte?"

„Nicht nur über Ruinenfeldern, sondern auch über noch bestehenden Städten, ohne dass die Bewohner der jetzigen Epoche einer solchen Stadt davon die geringste Ahnung haben. Daher kommen in allen Städten, mit Gebäuden, die Hunderte von Jahren alt sind, häufiger sogenannte ‚Spuk-Erscheinungen' vor als in Städten von weniger langem Bestande. Aber alle alten Städte, wie z. B. Rom, Athen, Konstantinopel (das ehemalige Byzanz), Paris, Lissabon, Madrid, Wien, Frankfurt am Main, Dresden, Berlin usw., haben mehrere deutlich abgegrenzte bedeutendere Epochen-Abschnitte ihrer Geschichte noch als ‚seelisch' vorhanden seiend örtlich in ihrer Mitte, ohne dass die gegenwärtige Bewohnerschaft davon etwas weiss. Besonders ausgeprägt erhalten sind Zeitabschnitte, in denen eine Stadt oder ein Land eine besonders kräftige Kulturerscheinung aufwies. So ist z. B. in Wien die Glanzzeit unter den Habsburgern als Kaiser des römischen Reiches deutscher Nation noch seelisch lebhaft vorhanden."

„Haben die Uebergangs-Epochen auch ihre seelischen Aura-Seinszustände erhalten?"

„Nicht alle, sondern nur solche erhielten sich, die auf die Menschen ihrer Zeit besonders tiefen Eindruck machten und sie solche Epochen seelisch ‚erleben' liessen. Vergiss nicht, lieber Bruder Amo, dass die Zustände des Jenseits als ‚Himmel' und ‚Hölle' nur durch das ‚Erlebnis-Bewusstsein' der Menschen oder besser durch die ‚menschlichen individualisierten Seelen' geschaffen sind. Du kennst ja den scheinbaren Widerspruch in dem Grundsatz, dass ‚es vor der Erschaffung der Menschen noch keinen Himmel und keine Hölle (für Menschen) geben konnte', was ganz einleuchtend ist, da ja eben noch keine denkenden Wesen dafür da waren."

Ich dachte beim Einschlafen noch lange über das geführte Gespräch nach.

Unsere Karawane setzte am nächsten Morgen ihren Marsch fort, erreichte glücklich ihren Bestimmungsort und trat etwa eine Woche später wieder ihren Rückweg an, diesmal — warum, weiss ich nicht — wieder den Weg über die höheren Plateau-Gebiete nehmend.

Der Rückmarsch über die Hochplateaus war schwieriger als der Hinmarsch. Wir befanden uns kurz vor Beginn des Monsuns, und über den südlichen Hochgipfeln hingen bereits die finsteren, schweren Wolkenwände, die den Beginn der Regensaison, hier oben in über 6000 Meter Höhe aber den Beginn der Zeit der grossen Schneestürme ankündigten. Wir waren kaum vier Tage unterwegs, als wir in einen schweren Schneesturm gerieten, der uns drei Tage an unsere primitive Unterkunftsstätte einer Hochgebirgs-Senke festhielt. In den Pausen zwischen den Schneefällen setzten heftige Höhenstürme ein, die den gefallenen Schnee von den Hochgipfeln herunterwehten, so dass es aussah, als ob von jedem Gipfel eine Rauchfahne in den Raum hinaus hing. Die Rauchfahne bestand in feinem Schneestaub, der vom Sturm von dem Gipfel fortgeweht und dann noch eine Weile schwebend erhalten wurde. Die Fahne hing immer entgegengesetzt zur Richtung, aus der der Wind kam.

Nach einer ziemlich beschwerlichen Wanderung — diesmal durch tiefe Schneedriften — kamen wir wieder zu der Karawanserei, vor der mich der Blitzstrahl niedergestreckt hatte. Da auch diesmal im nahen Frauenkloster gerade keine andere Karawane rastete, so zogen wir bis dorthin weiter, um da zu übernachten. Die Räumlichkeiten waren dort angenehmer und die Stapelplätze zum Lagern der mitgebrachten Lasten bequemer eingerichtet.

Gerade als wir durch den Torweg zum Frauenkloster einzogen, kam Bruder Xerx von vorn zurück. Er nickte mir freundlich zu, als er bei mir vorbei kam und bemerkte:

„Bruder Amo, bist du vorbereitet?"

„Vorbereitet, auf was?"

„Hast du vergessen, was dir Meister Z sagte, als er dich auf diesen Marsch schickte?"

Ich grübelte nach, konnte mich aber nicht erinnern. Erst als ich mich auf der Matte in meinem Zimmerchen ausstreckte — das Frauenkloster war gross und so geräumig, dass für jeden von uns Trägern ein kleines Zimmerchen reserviert werden konnte, wenn nicht gerade zwei Karawanen gleichzeitig zu übernachten hatten, was diesmal aber, wie erwähnt, nicht der Fall war — fiel mir ein, dass Meister Z vor Reiseantritt zu mir gesagt hatte: „Du wirst als ein anderer zurückkehren, zumal dir auch noch ein anderes, besonderes Erlebnis bevorsteht."

Anscheinend stand ich vor einem solchen Erlebnis.

Ich war müde und schlief bald ein. Ob ich geträumt hatte, weiss ich nicht. Jedenfalls hatte ich aber am Morgen das Gefühl, besonders tief geschlafen zu haben, und war infolgedessen auch frisch und gestärkt. Draussen schneite es noch, und so wusste ich, dass wir warten würden. Ich nahm mir ein Schriftstück meiner Studien-Lektion vor, um mich darin zu vertiefen. Der Gedanke war mir diesmal überhaupt nicht gekommen, dass ich ja wohl erst frühstücken sollte.

Da trat eine Dienerin des Klosters in die durch einen Teppichvorhang lose verhüllte Türöffnung und teilte mir im gebrochenen Englisch mit, dass ich ihr folgen solle, da ich zum Frühstück eingeladen sei. Ich folgte ihr, da ich dachte, Bruder Xerx wolle beim

Frühstück gleichzeitig etwas mit mir besprechen.

Nachdem wir mehrere Gänge durchschritten hatten, trat meine Führerin beiseite und schlug den Teppich vor einem Zimmer zurück, in dem auf einem Teppich nach orientalischer Weise jemand sass, der mir den Rücken zukehrte.

„Komm' nur herein und setze dich mir gegenüber", forderte mich die sitzende Person auf. Die Stimme klang wundervoll weich und einschmeichelnd.

Ich tat, wie geheissen und befand mich auf einmal — erneut — meinem „zweiten Ich" gegenüber.

Meine „einstige Frau" strahlte von einer unbeschreiblichen Schönheit und Lieblichkeit. In solch ein überaus entzückendes, dabei aber doch von einem freundlichen Ernst verklärtes Gesicht hatte ich noch nie vorher geblickt.

„Du bist ja noch schöner geworden", entfuhr es mir vor überraschendem Erstaunen.

„Denkst du?" kam es bescheiden lächelnd zurück. „Doch hier fasse zu und trinke deinen Tee. Während du isst, kann ich dir das mitteilen, was ich dir noch gern sagen möchte."

„Noch?" fragte ich etwas erstaunt-enttäuscht.

„Ja, noch! Du weisst, dass meine irdische Entwicklung so gut wie abgeschlossen ist, dass ich aber nicht weiter fortschreiten möchte, ehe du nicht mindestens ebenfalls soweit fortgeschritten bist wie ich, so dass wir den Weg in die Unendlichkeit anderer Wirkungs-Sphären zusammen antreten können. Ich werde warten; doch das heutige Zusammensein ist das letzte hier auf Erden in diesen Körpern. Wenn wir uns das nächste Mal sehen — in einigen Jahrzehnten —, wirst auch du soweit sein wie ich es jetzt bin, und ich erwarte dich in deiner Sterbestunde, wenn dein Ich in deinem Geistes- (nicht mehr Seelen-) Kleide deinem Körper entsteigt."

Wieder ergriff mich jenes wundervolle beseligende Gefühl und Empfinden für meine ehemalige Frau, wie ich es bei meinem vorigen Zusammentreffen mit ihr gehabt hatte. Sie spürte das wohl auch und warf mir einen so liebevollen Blick zu, dass ich ihn wie einen Strom von Wonne empfand, der mich gleich einem elektrischen Strahl durchzuckte.

Sie reichte mir die Hand, drückte sie zart und fuhr, mir dabei fest ins Auge sehend, fort:

„Höre, mein innig geliebter Partner in der Ewigkeit des Seins! Lasse dich bitte durch nichts mehr von deinen Studien ablenken, aber versuche bitte auch nicht, deinen Fortschritt zu ‚erzwingen', wie du es in letzter Zeit getan hast. Die Meisterschaft erringen heisst wirklich Meister sein, und da musst du durch deine Liebe und deine erlangte Weisheit die ausführende Kraft und Macht als den Heiligen Geist in dich einziehen lassen, wodurch du dann erst völlig eins wirst mit den Haupt- und Grundgeistern Gottes, nämlich Liebe, Weisheit, Wille, dabei aber auch Ordnung, Ernst, Geduld und Barmherzigkeit. Wenn du nun deinen Fortschritt erzwingen willst, wie du es in den letzten Monaten bei deinem Studium tatest, so mangelt es dir noch an Geduld und Barmherzigkeit. An Barmherzigkeit deswegen, weil du in deiner Ungeduld dich nicht der Barmherzigkeit Gottes anvertrautest und du nur anderen vorauseilen wolltest. Liebes ‚anderes Ich', glaube mir, der Weg zur irdischen Vollendung ist so schmal wie die Schneide eines Schwertes. Da denken wir manchmal, wir handeln recht, während wir das in Wirklichkeit doch noch lange nicht tun. Denn irgendein Fanatismus im Handeln ist mangelnde Geduld und mangelnde Barmherzigkeit. Ich wollte dich darauf aufmerksam machen, weil ich weiss, dass du mit mir und ich mit dir bald vereint sein werden. Wie gesagt, das ist unser letztes Zusammentreffen in unsern irdischen Körpern. Wenn du fertig mit deinem Frühstück bist, kannst du mich auf mein Studierzimmer begleiten, wo ich dich noch auf mancherlei bei deinen künftigen Studien aufmerksam machen werde. Das darf ich tun, dir raten, weil wir wissen, dass wir — wenn auch noch nicht seelisch-geistig vereint —, doch schon eine solche Einheit vor uns sehen. Iss und trink jetzt und nimm dir dazu deine Zeit."

Ich tat das, konnte aber doch nicht recht bei der Sache, d. h. bei meinem Frühstück, sein, denn das Gefühl wie das eines elektrischen Stromes verstärkte sich, je länger ich in Gegenwart meines „zweiten Ichs" war. Es war ein beglückendes Gefühl, für das es wirklich keine Worte gibt, es näher zu beschreiben. Die ganze übrige Welt versank in nichts vor der Beseligung, mit meinem „zweiten Ich" zusammen zu sein. Das ist ja schliesslich auch nicht zu verwundern, da das Verschmelzen zweier bisher durch gegensätzliche Einstellung getrennt existierender Wesenheiten zu einer Einheit tatsächlich den „Himmel“ darstellt, weil dann Positiv und Negativ eben in eins verschmolzen sind, zu einer Einheit, die, wenn „wiedergeboren“, in den seligsten Gefilden der eigentlichen Seinswelt, von uns als „Jenseits“ bezeichnet, nur noch, miteinander verschmolzen, in allervollster Harmonie schöpferisch tätig sind und, da über den Gegensätzlichkeiten des Seins stehend, eine einzige Individualität — wenn auch getrennte Persönlichkeiten — darstellt, der die kosmischen Kräfte des Seins zum Wirken in der Unendlichkeit des Raumes voll zur Verfügung stehen.

„Ich ahne schon, was du meinst.“

„Natürlich ahnst du es, du, mein ‚zweites Ich‘“, antwortete beseligend mir zulächelnd meine „ehemalige Frau“. „Ganz klar wird dir das, was ich hier sagte, aber erst sein, sobald auch du die Schule der Meister absolviert hast und damit vor der ‚Wiedergeburt im Geiste‘ stehst.“

„Es ist doch schwieriger als wie ich anfangs dachte“, warf ich ein.

„Scheinbar nur, denn wenn du mit der Ausbildung immer mehr und mehr in das dir dadurch Geoffenbarte hineinwächst, so wachsen dir gleichzeitig damit auch die Verständniskräfte, sodass du dann alles ganz natürlich fassen und begreifen kannst. Daher nie mehr etwas ‚erzwingen‘ wollen, auch nicht deinen Fortschritt, wenn es auch mir zuliebe geschehen sollte. Willst du, mein liebes, liebes ‚zweites Ich‘, mir das versprechen?“

Damit stand sie auf. Auch ich erhob mich. Dann kam sie auf mich zu, umarmte mich und drückte mich mit einem Kuss so fest an sich, dass ich vor Beseligung fast das Bewusstsein verlor.

Wir begaben uns dann auf das Studierzimmer meines „zweiten Ichs“, das für die Begriffe von uns Menschen einer modernen Zeit wohl kaum als ein Studierzimmer hätte angesprochen werden können. Es war, wie alle Zimmer in den Klöstern und Karawansereien, sehr einfach gehalten, hatte aber einige Fächer an der Wand, die Bücher und Manuskripte aller Art enthielten.

„Wie schon erwähnt,“ so begann mein „zweites Ich“, „darf ich dich auf manches aufmerksam machen. Und das will ich auch tun.

Zunächst möchte ich dir mitteilen, dass dein ferneres irdischen Leben, wenn du diese Schule der Eingeweihten absolviert hast und ins gewöhnliche irdische Leben zurückkehrst, ein — vom Standpunkt der gewöhnlichen Menschheit betrachtet — eigentlich ereignisloses Dasein sein wird. Ich sage: ‚Vom Standpunkt der gewöhnlichen Menschheit'. In Wirklichkeit wird dir eine Aufgabe zuteil werden, die, so unscheinbar wie sie sein mag, doch die allergrösste Auswirkung in die Zukunft haben mag. Du weisst, dass es oft nur ein kleines Häufchen Schnee ist, das beim Herunterg1eiten die furchtbarsten Lawinen verursachen kann. Nun, so wird dein Wirken sein, zuerst ganz unscheinbar, kaum beachtenswert. Und doch mag es dazu dienen, Millionen von Menschen zu einer inneren Wandlung zu veranlassen. Die Wandlung selbst wirst du im grösseren Ausmasse nicht mehr wahrnehmen, da du dann schon von deinem Erdendasein ‚befreit' sein wirst. Aber du wirst — was deine Aufgabe ist — den Anlass zu dem Wandel gegeben haben. Es wird aber noch lange dauern, ehe du die erste Gelegenheit finden wirst, deine Aufgabe zu lösen. Die ersten diesbezüglichen Versuche werden nicht gelingen, sollten aber trotzdem unternommen werden, da auch sie trotz des allgemeinen Misslingens Vibrationen auslösen werden, die manche erreichen dürften, die sonst davon nicht erreicht werden könnten. Erst kurz vor deinem irdischen Tode wirst du jemanden finden, dem du die Geschichte deiner Entwicklung schildern kannst und mit dem du auch nach deinem irdischen Ableben auf eine Weise, die sich dann von allein ergeben wird, noch in Kontakt bleiben kannst. Siehe aber zu, dass stets niemand anders als nur die betreffende Person diese Botschaften erhält, weil diese, obgleich auch noch voller vieler menschlicher Fehler und Schwächen, aber zuverlässig und vertrauenswert ist und niemals das, was du dieser Person anvertraust, irgendwie missbrauchen wird. Lasse nach deinem Tode deine weiteren Beratungs-Botschaften der betreffenden Person aber nur indirekt zugehen, so dass auch der Vermittler im Verborgenen bleiben kann, denn vergiss nicht: an dir als Individualität liegt dabei gar nichts. Du bist nur der ursprüngliche Vermittler, nichts weiter, könntest aber eben solcher nicht sein, wenn du nicht diese ‚Schule der Eingeweihten' durchgemacht hättest."

„Dann ist also der Rest meines irdischen Lebens eigentlich doch recht ereignislos?“

„Durchaus nicht! Die Menschheit wird in kurzem beginnen, durch eine furchtbare Periode hindurchzugehen. Du wirst dabei auch eine Rolle spielen. Du wirst als ein geistiger Berater wirken. Obgleich das nicht eine gewisse Katastrophe verhindern kann, so werden durch dein Wirken doch gewisse wertvolle Imponderabilien gerettet bleiben, die wertvoll für die Zukunft sind.“

„Könntest du mir nicht irgendetwas mehr Spezifisches mitteilen?“

Mein „zweites Ich“ lächelte.

„Da haben wir es, du grosser Junge du! Du bist nun selbst schon ein halber ‚Eingeweihter‘, und noch immer hast du die Geduld nicht richtig gelernt. Wenn ich dir alles im voraus mitteile, wo bleibt denn da dein Eigenverdienst?“

Ich sah das ein und schwieg betroffen.

Mein „zweites Ich“ musste darüber lachen, kam auf mich zu, umarmte mir wieder und sagte, halb neckisch:

„Du Lieber, es ist Zeit, dass ich dir zur Seite stehen und dich stützen kann, wenn du schwach in der Geduld werden willst.“

Ich musste nun auch lächeln.

Mein „zweites Ich“ gab mir dann aber doch noch mancherlei interessante Aufschlüsse über die Zukunft, die später auch alle eintrafen.

Der Abschied fiel uns diesmal schwer. Es war ja der Abschied für immer in diesen unsern Körpern. Ich wusste noch nicht — mein „zweites Ich“ freilich wusste es, doch fühlte sie meinen Schmerz mit —, dass unser ferneres Zusammensein, auch wenn ich noch im irdischen Körper wandle, auf der geistigen Sphäre unendlich entzückender sein würde als es je im irdischen Zusammenleben sein könnte. Schwer nur trennte ich mich.

Den Rückweg nach der Stätte des Meisters Z legte ich dann in tiefer Niedergeschlagenheit zurück. Bruder Xerx beobachtete mich öfters, überliess mich aber meinem Schmerz. Der Rückmarsch war diesmal ungeheuer beschwerlich. Noch niemals hatte ich bisher solche furchtbaren Schneestürme, manchmal von Blitz und Donner begleitet, hier auf dem Hochplateau der Welt erlebt. Einmal konnten wir den ganzen Tag nur vier Meilen vorwärtskommen. Oft reichte der Schnee bis an die Hüften, und die Kälte war entsetzlich. Trotzdem war aber jeder guten Mutes, und es gab seltsamerweise keine erfrorenen Glieder.

* * *

DIE MEISTERSCHAFT WIRD ERREICHT

Von jetzt ab widmete ich mich wieder ganz meinem Studium, und zwar folgte ich willig allen gestellten Anforderungen, wenn diese mir auch noch so verschroben vorzukommen schienen. Und merkwürdigerweise zeigte es sich später immer, dass es so am besten für mich gewesen war.

Der Unterricht ging jetzt mehr ins Spezielle. Ich möchte ihn vielleicht am besten kennzeichnen als die Anwendung des exoterisch Beobachteten und Wahrgenommenen auf dem esoterischen Gebiete der Erkenntnis. Mit andern Worten: Es wurden zuerst die inneren Zusammenhänge zwischen einem Gegenstand und der Aussenwelt festgelegt, dann die inneren Bindungen seelischer und geistiger Natur gesucht und daraus dann die Schlussfolgerung gezogen, was nun immer zeigte, dass das eigentlich Geistige, das Geplante, das Primäre war und dass es in der Schöpfung dann erst als „vollendet" erachtet werden konnte, wenn die Schöpfung bis zur äusseren Form durchgeführt ist und somit die äussere Form dann alles zur Entfaltung gebracht hat, was im Primären ursprünglich lag und als Ideenbild im ersten Formungsprozess des ursprünglichen Gedankens aus Gott heraus schon die anfänglichsten Umrisse gezeigt hatte.

Sehr interessant waren die inneren Zusammenhänge in der Daseins-Sphäre des „Soll", d. h. auf dem Gebiete der menschlichen Moral als Stützgerüst für die seelische Entwicklung und geistige Entfaltung der menschlichen Individualität im Befreiungsprozess aus der Welt des „Muss", der „gerichteten Erscheinungswelt". Das oberste Gesetz des „Soll" gilt auch für das „Muss": Niemals eine sich entwickelnde Seele und eine somit sich entfaltende Geist-Individualität zu zwingen. Wie schwer wird dadurch das Lenken der menschlichen Geschicke. Die Menschheit darf sich nur allein entwickeln! Jedes Richtungweisen darf daher auch nur ein Lenken und sanftes Leiten und leises Führen sein, was sofort aufzuhören hat, sobald sich die „befreiende" Seele dagegen auflehnt und solches Lenken, Leiten und Führen als Zwang empfindet. Die Aufgabe von uns Eingeweihten ist es nun, durch unser Beispiel und unsere Liebe für die Menschheit als „Knechte Gottes" dieses sanfte Lenken, Leiten und Führen in die Tat umzusetzen. Höhere Wesenheiten geben uns Kenntnis in der Richtung, nach der hin dieses Lenken, Leiten und Führen geschehen soll. An uns Eingeweihten liegt es dann, das die

Menschheit auch tun zu lassen. Wie schwer, wie unendlich schwer ist das, obgleich uns Eingeweihten dabei doch auch noch zahlreiche, rein spirituelle Wesenheiten zur Seite stehen und unterstützen. Wir Eingeweihten sind manchmal am Verzweifeln, doch niemals dürfen wir das wirklich tun oder unsere Aufgabe hinwerfen. Dafür sind wir ja Eingeweihte und haben unser ganzes „Ewiges Sein“ als Schwur geopfert, dass wir stets als Eingeweihte wirken würden. Wir, die wir bei solchem Wirken oftmals tiefe Einblick in das Schicksal der Menschheits-Entwicklung tun dürfen, lernen dabei immer mehr und mehr die wirklich endlose Güte und Liebe Gottes erkennen, Der niemals in Seiner Liebe und Fürsorge erlahmt und sich immer gerade derer annimmt, die es scheinbar am wenigsten verdienen und zu würdigen wissen. Wie gewaltig ist die „Göttliche Tragödie der Menschheits-Befreiung“ aus dem urgeschaffenen Muss-Schöpfungszustande in den ewigen Harmonie-Seinzustand hinein.

Solches Suchen nach den „inneren Zusammenhängen“ im Sein, nach der „Seele“ und dem latenten und noch schlummernden Geist von allem von Gott Geschaffenen zieht sich durch den ganzen Unterricht in den Schulen der Eingeweihten. Wir lernen begreifen die Aufgabe der Farbenpracht und des Duftes der Blumen, die Aufgabe des Giftes in Pflanzen und Schlangen und sonstigem giftigen Gewürm, die Aufgabe des Käfers und Wurmes, der Mikrobe und Bazille, aber auch die Aufgaben der Sonnenwelten, Milchstrassen-Systeme und des geheimnisvollen Raumes, der eins der allertiefsten Mysterien birgt, die ein Mensch je zu begreifen versuchen mag.

Es vergingen Monate, ehe ich wieder einmal eine Karawane begleitete. Ab und zu hatte ich das aber auch weiterhin zu tun, damit dadurch verhütet wurde, dass ich zu einseitig würde und verkrustete. Das ist nämlich die allergrösste Gefahr, die einem Schüler droht, der die „Schule von Eingeweihten“ absolvieren will. Noch oftmals war es mir, als ob ich verzweifeln müsste, da ich meine Lebensaufgaben und Lebensprobleme wohl nie würde lösen können, aber immer überwand ich doch schliesslich solche Stimmungen.

Im Abendlande und in Amerika hat man ganz falsche Vorstellungen von „Eingeweihten“ und deren Aufgaben. Man sieht in ihnen nur Wundermänner, weil sie Wunder verrichten können. Wenn ihr nur wüsstet, wie wenig die „Eingeweihten“, wenn sie erst einmal alle Examina überstanden haben und wieder ins Leben hinaustreten, um Wunder geben! Es gibt höhere Aufgaben als Wunder zu verrichten. Es gilt Menschenseelen zu führen und zu leiten nicht durch irgendwelchen Zwang, sondern nur durch Freundlichkeit, Zuneigung, Verständnis und Liebe, und zwar derart, dass diese auch ihr Ziel erreichen, d. h. möglicherweise sogar noch hier auf Erden schon „zur geistigen Wiedergeburt" gelangen. Das wird auf dem Gebiete des Seelischen und Geistigen viel höher eingeschätzt als die allergrösste Heldentat auf Erden. Eine Seele ist so etwas Wertvolles wie die allerkostbarste und allerseltenste Blume, die erst Blütenpracht und Farbenpracht entfalten und Duft ausströmen kann, wenn sie sich so weit entwickelt hat, dass die Blüte überhaupt eintreten kann. Die Blüte der Seele ist dann das Eingehen der Seele in den Geist, womit der Geist sich der Seele fortan als unvergänglichen Geistkörper für alle Ewigkeit bedienen kann. Doch wie schwer, wie ungeheuer schwer ist es, eine solche Leistung fertigzubringen, d. h. auch nur einen einzigen Menschenbruder bis zur „Geistigen Wiedergeburt" noch hier auf Erden zu leiten! Ausserdem dürfen die „Eingeweihten" sich auch niemals irgendein Spezial-Individuum zum Ausbilden aussuchen, sondern sie haben die Arbeit aufzunehmen, die ihnen von höheren Wesenheiten als notwendig und wichtig für die Welt und deren Weiterentwicklung zugeschickt wird.

All das ist schwer zu erklären. Man könnte stundenlang darüber sprechen und würde doch das Gebiet nicht völlig erschöpfen, weil es zu vielseitig ist, weil zu viele Probleme der allerverschiedensten Art damit verknüpft sind, die auch erst wieder verständlich gemacht werden müssten. Wir „Eingeweihten" haben durch unsere ungeheuer schwere Schulung gelernt, im Aetherstoff „Akasha" sofort alle in Betracht kommenden Probleme bei einer uns gestellten Aufgabe zu überblicken und danach unsere Dispositionen bei der gestellten Aufgabe zu treffen. Ein Beispiel mag das Gesagte erläutern. Angenommen, uns wird der Auftrag — auf welche Art und durch wen ist dabei nebensächlich, wenn er nur von höherer Stelle kommt, was wir „Eingeweihten" sofort herausfinden können —, uns einer bestimmten Person anzunehmen, die, wenn sie nicht ganz vorsichtig ist, einen Unfall erleiden mag. Auf Schutzengel, die diese Person wie jeden Menschen umgeben, hört die betreffende Person nicht. Im Auftrag wird gezeigt, wie man sich der Person nähert und wie man sich ihrer annehmen soll. Wir „Eingeweihten" übersehen bei einem solchen Auftrage aber auch sofort, warum gerade diese Person so wertvoll ist. Wir sehen, dass diese Person, der wir uns annehmen sollen, in späteren Jahren möglicherweise — möglicherweise, weil ja bei der betreffenden Person die Eigenentschliessung durch eigenen Willen mit in Betracht zu ziehen ist — eine Gelegenheit finden würde, eine Bewegung in der Kunst in die Wege zu leiten, die bestimmt ist, in der ferneren Zukunft die Kunstrichtung umzuändern, was dann auch eine Aenderung anderer Kunstrichtungen zur Folge haben müsste. Geschieht das, so würde damit die kulturelle Richtung eines Teiles der Menschheit anders — höher hinauf — gelenkt werden können. Versteht ihr jetzt die tiefe Bedeutung der Warnung des Heilandes, dass jeder Augenblick des Lebens von Wichtigkeit sein kann?

In der Zwischenzeit hatte ich weitere Examina zu bestehen. Eines bestand ich nicht und musste deshalb den ganzen Kursus nochmals durchmachen. Das Leben war ungeheuer eintönig, aber ich spürte es nicht mehr, da man fast gar keine freie Zeit hatte, über sich selbst und seine Verhältnisse nachzudenken. Im Zusammenhang mit den Studien ging nun ein fühlbares Wachstum der seelischen Fähigkeiten und damit ein besseres Sich-breiter-machen der Geistesgaben vor sich. Es überkam mich eine wundervolle Ruhe, aus der mich nichts mehr herauszubringen vermochte. Ebenso hatte ich Stunden gewaltiger innerer Erhebung und Erleuchtung, Augenblicke, in denen der Individualgeist, also mein eigenes unsterbliches Ich, von meiner Seele, meiner irdischen Persönlichkeit, vollkommen Besitz ergriffen zu haben schien. Die ganze Welt erschien dann plötzlich für mich durchgeistigt. Ich sah über Raum und Zeit hinweg, ein Zustand, der anfänglich Träumen zu sein schien, aber bedeutend mehr ist, wie ich bei weiterem Wachstum bald herausfand. Diese wunderbaren Augenblicke vermehrten sich mit den Monaten und Jahren und wurden beinahe zu einem Dauerzustand, aus dem ich aber von Zeit zu Zeit durch irgend etwas immer wieder herausgerissen wurde. Dann erschien mir das irdische Sein in der Oede der „Stätte" mit dem monotonen Leben und monotonen Studium wie eine wirkliche Hölle. Alles wurde in mir lebendig. Alles bäumte sich in mir auf. Es waren das die letzten Kämpfe der rein irdischen Persönlichkeit, die die Seele als ihre Hülle benützt, um die unsterbliche Individualität, mein ureigenes ewiges Ich, der Seele zu entfremden.

Nachdem ich lange keine Karawane mehr begleitet hatte und schon glaubte, das nicht mehr nötig zu haben, wurde ich zu Meister

Z gerufen, der mich in seiner ewig gleichbleibenden Herzlichkeit begrüsste:

„Bruder Amo, du hast in den letzten Monaten gute Fortschritte gemacht und näherst dich immer mehr und mehr deinem Ziele, dem Endexamen, womit du die Meisterschaft erringst. Noch ist es freilich nicht so weit, doch man kann den Zeitpunkt schon fühlen, wann das der Fall sein wird. Ich habe dich zu mir gerufen, weil ich dich bitten möchte, noch einmal eine Karawane zu begleiten. Du wunderst dich, weil ich sage, ‚bitten' möchte. Das geschieht, weil du jetzt so weit vorgeschritten bist, dass du nicht mehr lediglich durch die Regulations-Bestimmungen gelenkt zu werden brauchst. Du kannst es also ablehnen, die Karawane zu begleiten. Ich möchte dich aber persönlich bitten, dich doch der Karawane anzuschliessen."

Er hielt inne und blickte mich forschend und fragend an.

Ich hatte keine rechte Lust, die Karawane zu begleiten, da ich gerade jetzt so vorzügliche Fortschritte machte. Mir graute ein wenig vor den verschiedenen, mit solchen Karawanenreisen verbundenen Unbequemlichkeiten. Und doch wollte ich „Meister Z" nicht enttäuschen.

Da ergriff Meister Z wieder das Wort:

„Ich verstehe dich, Bruder Amo, verstehe dich vollkommen. Doch tue es mir zu Gefallen, dass du die Karawane begleitest."

„Warum?" fragte ich ein wenig erstaunt.

„In deinem Interesse, lieber Bruder Amo! Du weisst, wie gern ich dich habe. Du bist jetzt in deiner Entwicklung beim letzten kritischen Wendepunkt angelangt. Das ist das letzte Mal, dass dich eine Art verhaltener Trotz überkommt und du erneut wie im Rausche nur immer die Schönheiten erleben möchtest, die mit dem beginnenden ‚Wiedergeburtsprozess' der Seele verbunden sind. Das ist eine Gefahr, Bruder Amo, glaube es mir! Du kannst versteinern und verknöchern! Du möchtest dauernd nur in den wunderbaren Augenblicken der Ekstase leben; doch dabei würdest du den Blick für alles andere verlieren, auch warum du die ganzen Jahre hindurch studiert und dich abgequält hattest. Wofür hast du das getan? Erinnere dich! Doch nur, wie du gelobtest: für Gott! Du willst, wie jeder ‚Eingeweihte', künftig doch nur ein Helfer, ein Diener Gottes sein und dich dabei selbst ganz vergessen! Erinnerst du dich dieser freiwillig gegebenen Versicherung?"

Ich nickte mit dem Kopf. Ich empfand, Meister Z hatte auch diesmal wieder, wie immer, recht! Und ich war froh, dass er mich erinnerte! Denn wäre ich in dieser Phase meiner Entwicklung verknöchert, ich wäre vielleicht ein „Eingeweihter" geworden, aber nur einer, der nur an sich denkt, der nur glaubt, er hat alle Kenntnisse der Welt, er ist ein Herrscher über die Menschheit, und alles ist nur seinetwegen da! Statt Gott und der Menschheit zu dienen, wäre ich ein anmassender, arroganter — weil geistig weit vorgeschrittener — Mensch geworden. Das wäre aber auch alles gewesen! Allmählich hätte ich immer mehr die Bedeutung meiner Mission aus den Augen verloren, und damit wäre meine Arroganz ins Massloseste gewachsen, und mein Herz wäre allmählich zu einem Stein verhärtet.

Der Kampf dauerte bei solcher Erkenntnis daher auch nicht lange, ehe ich mich entschied mit den Worten:

„Ich sehe, dass ich nochmals vor einer Gefahr in meiner Laufbahn stand. Ich danke dir, dass du mich aufmerksam gemacht hast! Ich begleite selbstredend die Karawane."

Meister Z's Augen strahlten vor Freude über meinen Entschluss. Er umarmte mich erneut und drückte mich fest an sich. Dann sprach er:

„Du wirst diesmal ein ganz neuartiges Erlebnis haben. Du wirst die Welt, wie du sie bisher sahst, zum letzten Mal so sehen. Wenn du das nächste Mal hinaus in die Welt gehst, bist du ein ‚Meister' und ‚Eingeweihter', und die Welt wird bedeutungslos für dich sein! Schon diesmal wirst du wahrnehmen, wie wenig dich die Welt überhaupt noch anzugehen scheint."

Damit war ich entlassen.

Am Morgen trat die Karawane ihre Wanderung an.

Die Karawane folgte eine der mir schon bekannten Routen. Meister Z hatte wieder mal recht behalten. Es boten sich manchmal einzigartige Naturszenen dar, die mich merkwürdigerweise aber nicht mehr so zu begeistern vermochten wie früher. Fast war ich traurig darüber, dass mir der Blick für die Schönheiten der Natur verlorengegangen waren. Dann kamen aber doch wieder Augenblicke, in denen ich von der durch die Sonnenstrahlen auf den blitzenden und glitzernden Schneemassen der Hochfirne hervorgezauberten Farbenpracht überaus begeistert war. Ich konnte mir das alles nicht so recht erklären. Da erhielt ich eines Abends, als wir in einer Karawanserei in einer tiefen Talmulde übernachteten, wo es keinen Schnee gab und wo auf den Grasflächen sogar zarte Blumen blühten und wir infolge der verhältnismässig lauen Luft uns noch eine Weile vor dem Karawanserei-Gebäude selbst aufhielten, von Bruder Xerx den gewünschten Aufschluss:

„Ich weiss," begann er, auf mich zutretend, „was dich quält, lieber Bruder Amo! Du bist deiner selbst nicht mehr sicher! Du weisst nicht recht, was du von dir selbst halten sollst! Die Gefühle und Empfindungen sind so widersprechend. Stimmt es?"

Als ich bejahte, legte er seinen rechten Arm um meine Schulter und erklärte, wobei er, wie weltverloren, in die Ferne blickte:

„Siehe, du bist jetzt etwa in dem Zustand, in dem jemand seine altgewohnte Wohnstätte für immer verlässt. Du bist innerlich erregt und aufs Höchste auf das gespannt, was sich dir alles in dem Zustand und unter den Verhältnissen bieten wird, in die du nun einzugehen gedenkst. Beim Verlassen einer altgewohnten Wohnstätte besucht man wohl noch einmal alle Stellen, die bisher eine Bedeutung für einen hatten. Aber es ruht nicht mehr jener Zauber auf ihnen, den man früher empfunden hatte. Man hat sich durch den bevorstehenden Fortzug schon seelisch von den alten Plätzen losgesagt und getrennt. Es ist noch alles überall wie früher, aber es hat doch nicht mehr die Bedeutung von ehemals. Wir, die wir die Schluss-Examina abgelegt haben, mussten ebenfalls alle diesen Zustand durchmachen. Sobald du die Meisterschaft erreicht hast, stehst du dann über so manchem wie ein Erwachsener über den Spielstätten seiner Jugendzeit. Sie sind zwar immer noch dieselben, haben aber nicht mehr die alte, frühere Bedeutung für einen."

Und so war es auch. Ich empfand wohl noch alle die Naturschönheiten als Naturschönheiten, was sie auch waren, doch erst dann konnte ich mich für sie begeistern, wenn mein Geist in einer Art von transzendentaler Verfassung war, wie man es als Alltagsmensch manchmal im träumerischen Zustand bei innerlicher Friedlichkeit und Ruhe erleben mag, allerdings nur in einem recht schwachen Masse. Kurz, in dem Entwicklungszustand, in dem ich mich seelisch befand, konnte diese Welt mit ihren Erscheinungen in mir nur dann ein inneres Feuer der Begeisterung entfachen, wenn ich sie mit einem transzendentalen Blick umfasste und mit transzendentaler Gefühls-Einstellung empfand.

Diesen Zwiespalt in mir selbst empfand ich während der Dauer der Reise. Schliesslich zog ich die einzig richtige Konsequenz aus diesem Erlebnis: Ich stellte fest, dass ich mich im Zustande der völlig seelischen Loslösung von dieser Welt befand.

Und so war es auch.

Nach der Stätte des Meisters Z zurückgekehrt, widmete ich mich wieder mit Eifer meinen Studien, aber die durchgeistigten Zustände, die mich früher völlig absorbierten, hatten eine andere Form angenommen. Die Momente der Erhebung und Erleuchtung waren zwar noch die gleichen wie einst, doch ich stand mit meiner Individualität scheinbar darüber und nahm mehr eine Art beobachtende Stellung ein. Es trat nun allmählich jener Zustand ein, den man zu bezeichnen pflegt als „Die Heimkehr des verlorenen Sohnes in Vaterhaus“. Dieser „verlorene Sohn“ war die Seele, die nun in den vergeistigten Zustand überging zur völligen Wiedergeburt im Geiste, womit dann die „Erlösung“ stattgefunden hat und die Lebensschule als beendet angesehen werden darf. Dann gibt es kein Zurück mehr, und der Mensch ist „gerettet für immer!“

Doch die Vorbereitung zum End-Examen war ungeheuer schwer. Manchmal war ich abermals wiederholt am Verzweifeln, aber immer trieb es mich wieder vorwärts, bis endlich der Zeitpunkt des End-Examens gekommen war. Dieses End-Examen erstreckt sich gewöhnlich über Wochen. Einzelheiten können natürlich nicht mitgeteilt werden, doch soviel sei angedeutet, dass auch der erste Teil des Examens, oder besser der Examina, als Abschluss-Prüfung nicht leicht war. Er bestand in dem Nachweis-Erbringen, dass man absolute Kontrolle über den Körper hat, ganz gleich, ob im Wach- oder Schlafzustand. Selbst die Träume muss man unter Kontrolle zu halten verstehen; aber auch Träume selbst muss man erzeugen und sie dann auch wirklich als Träume und nicht bloss als Einbildungen empfinden und erleben. Man kann es glauben: ein solches Examen ist wirklich nicht leicht, und ohne vorherige jahrelange Trainierung kann es nicht bestanden werden. Aber auch der zweite Teil der Examina war sehr, sehr schwer. Die Examina fingen verhältnismässig leicht an, nämlich mit Heraustreten der Seele aus dem irdischen Körper auf eigenen Wunsch, was lange genug vorher geübt worden war und wirklich nicht mehr schwer für uns Prüfungs-Kandidaten auszuführen war. Dann kamen aber die Riesen-Aufgaben, die unsere Seele allein — ohne den Körper, der wie leblos dalag — durchzuführen hatte. Aufgaben, die, wenn sie hier angeführt würden, einfach für phantastisch und nicht nur für nicht durchführbar, sondern sogar für nicht existierbar erachtet werden würden.

Es ist bei diesen Examina nicht notwendig, dass man die Probleme alle völlig einwandfrei löst. Es kommt nur darauf an, dass man die Mittel und Wege kennt, die anzuwenden und einzuschlagen sind, um die Lösung der Probleme schliesslich erreichen zu können. Die Prüfungs-Resultate werden also unter dem gleichen Gesichtswinkel beurteilt, wie irgend eine Handlung, bei der es ja schliesslich auch immer nur auf das „Motiv" ankommt.

Es kommt fast niemals vor, dass irgend einer der Kandidaten das End-Examen nicht bestehen würde, weil nie jemand zugelassen wird, bei dem nach Ansicht des „Meisters" einer „Stätte" nicht mindestens eine sechzigprozentige Garantie besteht, dass das Examen eben tatsächlich auch bestanden werden kann. Es gibt auch beinahe nie einen Prüfungs-Kandidaten, der die Examina wirklich hundertprozentig besteht. Das macht aber nichts aus. Es kommt ja nur auf die grundlegende Richtungslinie der Gesamtergebnisse der überstandenen Prüfungen an. Man stellt sehr wohl auch die gewaltige innere Erregung in Rechnung, in der sich jeder Kandidat bei diesen Examina befindet, die so bedeutungsvoll und wichtig sind wie keine andern Examina auf der ganzen Welt. Die Entscheidung, ob „bestanden oder nicht" ruht einzig und allein in den Händen des „Meister" jeder „Stätte". Die Meister aller Stätten stehen mit- und untereinander in Verbindung und legen die Normen der Examina fest, die dann mit lokalen Abweichungen für alle „Stätten" als massgebend gelten.

* * *

alle Stätten = alle Klöster!

ALS DEUTSCHER „EINGEWEIHTER" HINAUS INS ALLTAGSLEBEN

Nach Bestehen der „End-Prüfung" war die „Meisterschaft" erreicht. Bei einem feierlichen Zusammensein wurde uns dann vom Meister Z eröffnet, dass es uns jetzt völlig freistände, uns von seiner „Stätte" zu entfernen und eventuell selbst eigene „Stätten" zu eröffnen, da nicht genug „Meister" herangebildet werden könnten, weil die Welt als solche vor grossen erschütternden Krisen stände, bei denen nicht genug Helfer zur Hand sein würden. Es wurde uns mitgeteilt, wie wir solche „Stätten" einrichten könnten, welche Hilfsmittel wir dafür gebrauchen und wie wir uns derselben bedienen sollten. Der feierlichste Augenblick war aber der, als wir in die „Bruderschaft der Meister", besser bekannt als die „Grosse Weisse Bruderschaft", aufgenommen und uns gezeigt wurde, auf welche Weise wir telepathisch sofort mit allen „Meistern" in Verbindung treten könnten, um Anschauungen auszutauschen, Rat einzuholen und eventuell auch Hilfe zu erhalten.

Ich hielt mich noch eine Zeitlang an der „Stätte" von Meister Z auf, der jetzt mit mir als „Eingeweihtem" ganz anders sprechen konnte als früher, wo mir doch noch so manches vorbehalten bleiben musste bis zur Erringung der Meisterschaft.

Meister Z hatte sich einem ganz bestimmten Ziel zur Leitung und Führung der Menschheit gewidmet, wobei er besonders die Geschicke des deutschen Volkes mit im Auge hatte. Alles, was seitdem das deutsche Volk durchgemacht hat, war mir schon damals gezeigt worden. Ich sah aber auch, warum dem so sein musste. Ich war Meister Z bei seiner Forschungs-Arbeit Monate hindurch als Assistent behilflich, und damals war es, dass mich Meister Z formell bat, dass ich mich während der letzten Jahre meines irdischen Lebens den ausgewanderten deutschen Kreisen in diesem Lande widmen sollte, was wie eine moderne Arche Vertreter aller Nationen der Welt bei sich aufgenommen und aus diesen Vertretern jetzt einen ganz neuen Menschheits-Typ zu formen versuche.

Ich reiste, nachdem ich die Stätte des Meisters Z verlassen hatte, viel herum. Zunächst begab ich mich nochmals nach meiner alten Heimat, Deutschland, um meine Vermögensverhältnisse endgültig zu regeln. Ich hielt mich längere Zeit in Berlin und anderen Städten auf. Grosse Veränderungen waren inzwischen in der alten

Heimat vor sich gegangen. Es war Wohlstand ins Land eingezogen. Jeder schien glücklich und zufrieden zu sein, Künste und Wissenschaften blühten. Eine Grossindustrie war im Entstehen begriffen. Es begann die Epoche des Ueberseehandel-Ausbaus. Die alte Heimat hatte begonnen, sich eine grosse Handelsflotte aufzubauen. Gleichzeitig begann aber auch schon eine Epoche des Egoismus einzusetzen, der hauptsächlich hervorgerufen wurde durch einen beginnenden Klassenhass zwischen Arbeiterschaft und Unternehmertum. Ferner breitete sich ein materialistische Weltanschauungs-Tendenz aus. Alle diese Umstände zusammen begünstigten dann die Verbreitung eines atheistischen Weltbildes. Man kam sich so stolz und erhaben vor, nicht mehr an einen Gott zu glauben!

Damals war es schon, dass die Ursache für all das gelegt wurde, was dann später über das deutsche Volk hereinbrach. Das deutsche Volk ist durch sein Gemüt wohl wie kein anderes veranlagt, Gott zu begreifen und zu verstehen, hat es doch die meisten Mystiker aller Völker ausser dem grössten Religions-Reformator aller Zeiten, Martin Luther, hervorgebracht. Statt sich nun dieser hohen Aufgabe stets bewusst zu bleiben und sich weiter zu verinnerlichen und sich Gott zuzukehren, strebte es nun nach ausseits und liess sich blenden durch äusseren Glanz, äussere Pracht und wurde, damit zusammenhängend, von dem Wunsche nach äusserlicher Macht und Herrschen erfasst. So wurden die wirklichen Aufgabengebiete des deutschen Volkes allmählich immer mehr und mehr in den Hintergrund gedrängt, nämlich auf seelischem und geistigem Gebiet der Welt ein Vorbild zu sein.

Von Deutschland begab ich mich wieder eine Zeit hindurch nach Asien, bereiste dann Südafrika, Mittelamerika (Guatemala, Mexiko), wo ich überall eine Zeitlang weilte, teils als Gast bei anderen vorgeschrittenen Menschen, wo ich in religiösen Studienkreisen Vorträge hielt, teils als Förderer bestimmter Studiengebiete, teils als Ansiedler, lediglich mit Ackerbau und Studien nebst Meditationen beschäftigt. Dem Laien würde es einfach unverständlich bleiben, wenn ich ausführlicher über die unzähligen Arbeitsgebiete von uns Meistern berichten würde, zumal diese manchmal über unsern Planeten hinausreichen und dann wieder nur im einfachen Ueberwachen bestimmter pflanzlicher Entwicklungs-Phasen bestehen, manchmal sogar lediglich nur mit dem Regulieren mancher unterirdischen Elementarkräfte zu tun haben.

Schliesslich liess ich mich dann im Staate Montana in Nordamerika als einfacher, schlichter Farmer nieder. Ich kaufte mir eine Heimstätte und baute mir ein einfaches Farmhaus, wo ich unbeachtet und unbemerkt meine Studien und Meditationen fortsetzen konnte, denn auch als „Meister" studieren wir noch, nur nicht mehr passiv wie „Lernende", sondern aktiv wie „Leitende", wobei Zeit und Raum keinerlei Hindernis darstellen. Ich wartete auf eine Gelegenheit, mein End-Mission erfüllen zu können, nämlich meinen engeren Landsleuten die Botschaft und Gewissheit zu übermitteln, dass es noch mehr als blosses Singen, Turnen und Gemütlichkeit gibt, dass es in uns Deutschen dank der naturgegebenen Volksanlage liegt, in die Tiefe der Gotteserkenntnis einzudringen. Doch es schien, als ob sich keine geeignete Persönlichkeit finden würde, durch die ich meine diesbezügliche Botschaft in der Schilderung meiner eigenen Entwicklungserlebnisse den Deutschstämmigen hierzulande würde zukommen lassen können. Ich versuchte mehrmals, solche Botschaften auszugeben, teils durch Veröffentlichung von Broschüren, teils durch Vorträge. Meine Vorträge wurden in den sogenannten „besseren" Gesellschaftskreisen des Deutschtums in Amerika immer abgelehnt, ebenso auch in den „freidenkerischen" Kreisen. Wo ich wirklich mal in Vereinigungen sprechen konnte, da liefen die Zuhörer einfach aus dem Saal und stellten sich an die Bar, um Bier zu trinken, oder schliefen ein. Meine Broschüren aber fanden überhaupt keinen Absatz. Zeitungsartikel wanderten in deutschsprachigen Veröffentlichungen hierzulande ungelesen in den Papierkorb. Das ging so, bis ich mit Bruder Felix in Kontakt kam. Dieser ist der einzige deutsche Zeitungsmann in Amerika, der geeignet war, das zu erfassen, was ich meinen Landsleuten als Botschaft geben wollte. Er hat viel gewagt und damit sogar seine ganze Existenz aufs Spiel gesetzt. Lasst ihn daher nie im Stich!

Damit sind jetzt die „Mitteilungen des Eremiten" zum Abschluss gebracht. Ich könnte noch viel mitteilen, doch ihr seid noch nicht reif dafür. Auch ist es die Zeit noch nicht! Wenn ihr — besonders ihr Bessergestellten — es aber durch finanzielle Unterstützung ermöglicht, dass die Zeitschrift „Geistiges Leben" weiter bestehen kann, so werden euch von Zeit zu Zeit durch Bruder Felix noch weitere Botschaften von mir übermittelt werden, Botschaften, deren Tragweite ihr noch gar nicht zu ermessen vermögt! Euch Deutschstämmigen wird hier eine Gelegenheit geboten werden, noch einmal unendlich segensreich auch auf eure Landsleute in eurer alten Heimat von hier, von der Neuen Welt, aus einwirken zu können! Denkt daran! Seid euch dessen stets bewusst, und euch wird ein Segen zuteil werden, wie er nur denen zuteil werden kann, die im Einklang mit göttlichen Gesetzen wirken und handeln! Seid daher alle, die ihr diese Zeilen lest, der Gnade des Himmelsvaters empfohlen! Handelt aber auch danach!

ABSCHLIESSENDE BEMERKUNGEN

Diese „Mitteilungen des Eremiten" erschienen fortlaufend in der auf Anregung des „Eremiten" geschaffenen Monatsschrift „Geistiges Leben". Ausgangs August 1943 erhielt der Herausgeber des „Geistigen Lebens" einen Brief, abgestempelt in Kalispell, Montana, in dem ihm mitgeteilt wurde, dass der „Eremit" am 22. Mai 1943 seinen irdischen Lebenslauf abgeschlossen hatte. Der Brief war in Maschinenschrift abgefasst und unterzeichnet mit „Brother John". Der Brief enthielt noch ein anderes Kouvert, das mit der Aufschrift versehen war: „Für Bruder Felix" und das die letzten „Mitteilungen des Eremiten" enthielten. Beide Zuschriften seien nachfolgend wiedergegeben.

Das in Maschinenschrift abgefasste Anschreiben von „Brother John" lautete (übersetzt aus dem Englischen): „Hiermit erfülle ich den letzten Wunsch des dir bekannten Bruders Amo, indem ich dir beiliegenden Brief übersende, den ich auf dem Tisch neben der Leiche von Bruder Amo vorfand. Am 20. Mai erhielt ich einen Brief von Bruder Amo, der in seiner Nachbarschaft aber unter einem andern Namen und nur als einfacher Farmer bekannt war, in dem er mich bat, ihn am 23. Mai sicher zu besuchen. Ich tat das. Als ich vor Betreten seines schlichten Farmhauses, wie immer, klopfte, erhielt ich keine Antwort; aber ich hörte seinen russischen Windhund Philos leise wimmern. Ich klinkte die Tür auf, die unverschlossen war, und fand meinen Freund auf dem Sofa ausgestreckt liegen — tot! Neben dem Sofa sass ‚Philos', der bei meinem Eintritt mit dem Schweif wedelte und mich mit freundlichem Winseln begrüsste, ohne aber seinen Platz neben dem Sofa zu verlassen. Bruder Amo lag friendlich da, gleich als ob er schliefe und einen herrlichen Traum hätte. Seine Gesichtszüge waren überirdisch verklärt. Auf dem Tisch fand ich einen Briefbogen für mich, der alle Anweisungen für die Beerdigung und für Disponierung über seine geringe Habe nebst Grundstück enthielt, und ferner diesen Brief für dich, den ich dir hiermit übersende. Ich möchte dich aber aufmerksam machen, dass es der Wunsch von Bruder Amo ist, wie er mir auf dem Briefbogen noch schrieb, dass du sowohl dieses mein Anschreiben wie auch seine ‚Mitteilungen' sofort vernichtest, sobald du sie für Veröffentlichungen in deiner Zeitschrift abgeschrieben hast. Mit Uebersenden dieses Briefes habe ich die mir von Bruder Amo übertragene Aufgabe erfüllt, und du wirst wahrscheinlich niemals mehr etwas von mir hören. Dass der Brief von Kalispell abgestempelt wurde, ist mehr ein Zufall, da ich mich gerade hier befinde und nach Anweisung von Bruder Amo diesen Brief so absenden soll, dass er erst etwa elf Wochen nach seinem Ableben in deinen Besitz gelangen kann. Die Beisetzung von Bruder Amo erfolgte gemäss seiner Anweisung. Näheres soll ich nicht bekanntgeben. Für ‚Philos' ist ebenfalls Sorge getragen. Dir, lieber Bruder Felix, alles Gute wünschend

Bruder John."

Der Briefumschlag mit der Aufschrift: „Für Bruder Felix" enthielt folgende Zeilen:

„Lieber Bruder Felix! Wenn diese Zeilen in deinen Besitz gelangen, habe ich meine irdische Lebensbahn schon seit Wochen beendet und damit meine irdische Aufgabe gelöst. Mir steht nun eine neue gewaltige Aufgabe in der andern Welt bevor, die aber nie und nimmer meine seelische und geistige Verbindung mit dir und allen Lesern des ‚Geistigen Lebens', das auf meine Anregung hin geschaffen wurde, je unterbricht. Daher meditiert nur weiter an jedem Freitag, wie vom ‚Geistigen Leben' anempfohlen ..... Im Geiste meditiere ich auch jetzt, nach meinem irdischen Ableben, weiter mit euch allen. Auch sonst sind die Verbindungen zwischen euch allen und mir nicht gelöst. Bruder Felix wird auch fernerhin von Zeit zu Zeit Botschaften von mir erhalten.

Sobald der zweite Weltkrieg vorüber ist, werde ich mehr Botschaften senden, die gerade für euch Leser des ‚Geistigen Lebens' besonders wertvoll sein dürften. Alle diese Botschaften müssen aber, sobald sie abgeschrieben sind, sofort verbrannt werden. Eher darf keine Veröffentlichung erfolgen. Ich bin glücklich, meine irdische Laufbahn beendet zu haben, für immer von hier erlöst zu sein, und damit gleichzeitig meine Mission, die mir noch zu erfüllen oblag, auch ausgeführt zu haben dank deiner selbstlosen Mitarbeit, lieber Bruder Felix, und dank der treuen Mitarbeit und Mithilfe der Leser des ‚Geistigen Lebens'. Der Segen des Herrn wird allen zuteil werden, was jeder noch persönlich herausfinden wird. Darum haltet treu zusammen im Geiste echter christlicher Nächstenliebe und ehrlicher Gemeinschaftsarbeit für das grosse und hehre Ziel: Gott, dem Allmächtigen, selbstlos zu dienen! Zum Schluss noch die Versicherung, lieber Bruder Felix, dass ich mich gefreut habe, dass ich mich dir noch als irdischer Mensch letztes Jahr während deines Weilens in Montana zeigen konnte. Mit meiner Seele war ich freilich vorher schon oft bei dir gewesen, ohne dass du es geahnt hattest. Der Segen des Herrn sei mit dir. Dein aufrichtiger ‚Bruder Amo'."

Vorausgeschickt sei, dass der Schriftleiter anfänglich, als der „Eremit" um die Erlaubnis bat, über seine Erlebnisse im Himalaya an die Zeitung schreiben zu dürfen, an der der Herausgeber dieses als Schriftleiter angestellt war, wirklich nichts weiter in Gedanken hatte, als den Lesern der Zeitung interessanten Lesestoff zu bieten. Wenn der „Eremit" bemerkte, dass er eine „Schule der Eingeweihten" absolviert hätte, so machte auch das auf den Schriftleiter anfänglich keinen besonderen Eindruck, da er durch seine Zugehörigkeit zur Theosophischen Vereinigung seit Jahrzehnten an das Vorhandensein von „Meistern" gewöhnt war. Daher erkundigte sich der Verfasser auch nicht weiter nach dem Familiennamen des „Eremiten", sondern erlaubte ihm, unter diesem Pseudonym zu schreiben, solange wie er in seine Zuschriften keine politischen Debatten oder Ansichten einfügte. Die spätere Korrespondenz zwischen dem Schriftleiter und dem „Eremiten" spielte sich so ab, dass der „Eremit" in jeder Antwort schrieb, an welche Adresse ihm wieder geantwortet werden möge. Dem Wunsche des „Eremiten" entsprechend, lernte der Schriftleiter die jeweilige Adresse immer auswendig und zerriss wunschgemäss den Brief des „Eremiten", nachdem er dessen Inhalt redaktionell behandelt hatte. Der Schriftleiter kann sich auf keine der Adressen, unter denen er dem „Eremiten" antwortete, mehr besinnen. Wie es schien, waren die verschiedenen Adressen solche von Freunden des „Eremiten", bei denen er sich dann die eingelaufene Post abholte oder sie sich von diesen irgendwohin zuschicken liess. Jedesmal war es ein anderer Name. Da die Korrespondenz sich so aber reibungslos abspielte, so lag wirklich kein Grund vor, den „Eremiten" nach seinem eigenen Namen zu fragen. Auch bei dem einstündigen Zusammensein, worüber noch berichtet wird, fiel es dem Schriftleiter nicht ein, sich in die persönlichen Angelegenheiten des „Eremiten" einzumischen. Die eine Stunde des Zusammenseins verlief sowieso zu schnell, und die Unterhaltung war zu fesselnd und interessant. Das ist der Grund, warum der Schritleiter den eigentlichen Familiennamen des „Eremiten" nie erfahren hat.

Die angeführte persönliche Begegnung mit dem „Eremiten" erfolgte am Sonntag vor dem „Arbeitertag" im Jahre 1942, also anfangs September genannten Jahres, nach Beendigung eines Besuches des Schriftleiters auf einer Ranch in Montana und nach einer damit verbundenen Autofahrt durch den Yellowstone Park, die letzte längere Autofahrt vor Einführung der Gasolin-Rationierung infolge des Krieges. Die Begegnung erfolgte in einem Personenwaggon (Coach) der „Northern Pacific Railroad", und das Zusammensein währte so lange, wie der „Coast Express" zur Fahrt von Bozeman, Montana, über den Bozeman-Pass nach Livingston, Montana, benötigt (etwas mehr als eine Stunde), da an dem Abend gerade ein Militär-Extrazug vorausfuhr, der infolge seiner Länge anscheinend mehr Zeit zur Ueberwindung der Steigung zum Bozeman-Pass benötigte als sonst üblich. Die Abfahrt des „Coast Express" von Bozeman erfolgte wegen des erwähnten vorausfahrenden Militärzuges mit Verspätung. Schon bei Antritt der Besuchsreise nach Montana hatte der Schriftleiter das Gefühl gehabt, dass er dabei irgend ein besonderes Erlebnis haben würde. Was es sein würde, wusste er jedoch nicht, da ihn der „Eremit" nicht vorher in Kenntnis gesetzt hatte. Aber anscheinend durch Gedanken-Uebertragung steigerte sich während seines Weilens in Montana bei ihm immer mehr und mehr das Empfinden, fast bis zur sicheren Erwartung, dass er irgendwie und irgendwo den „Eremiten" treffen würde. Als er nun in Bozeman den Zug bestieg, war dieses Empfinden besonders stark. Trotz der um diese Jahreszeit üblichen Zugüberfüllung wegen Beendigung der Schulferien, gab es überraschenderweise doch mehrere freie Sitzplätze im Waggon. Gerade hatte der Schriftleiter Platz genommen, als neben seinem Sitz plötzlich eine wahre Hünengestalt auftauchte, ihm die Hand auf die Schulter legte und, als der so berührte Schriftleiter sich umdrehte, ihm lächelnd die Hand entgegenstreckte mit den Worten — in deutscher Sprache, die, wie man merkte, dem Sprecher aber nicht mehr so geläufig zu sein schien —: „Bruder Felix, bleibe ruhig sitzen auf deinem Platz", womit er sich gleichzeitig neben den Schriftleiter niederliess. Sofort fühlte es der Schriftleiter: Das ist der „Eremit", der bei diesem Gedanken — ohne dass er ausgesprochen war — auch sofort zustimmend und lächelnd nickte. Der „Eremit" war schlicht gekleidet, sah aus wie ein Durchschnittsfarmer, war von einer gewinnenden Herzlichkeit und Liebenswürdigkeit und hatte nicht das allergeringste Geheimnisvolle oder Wichtigtuerische an sich, wie man es bei den hier in Amerika öfters durchs Land reisenden indischen Rednern — „Swamis" genannt — vorzufinden pflegt. Die persönliche Note des „Eremiten" trug das Gepräge von Schlichtheit, Einfachheit und Aufrichtigkeit.

Das sich nun entwickelnde Gespräch ergab sich dank dem bescheidenen Wesen des „Eremiten" ganz von allein. Wir redeten im allgemeinen Gespräch über vielerlei Bedeutungsvolles, aber nichts über Privat-Verhältnisse, d. h. weder der „Eremit" stellte solche Fragen an den Schriftleiter, noch dieser an den „Eremiten". Im Verlaufe der Unterhaltung gab der „Eremit" u. a. Aufschlüsse von ganz ungeahnter Tragweite, woran der Schriftleiter nicht im Traume gedacht hätte. Vieles davon kann noch nicht bekanntgegeben werden, und wenn es geschieht, wird es in Form von gewöhnlichen Artikeln erfolgen. Gar manches von dem vom „Eremiten" Mitgeteilten hat sich aber schon genau so erfüllt. Das Allerinteressanteste aber waren gewährte Einblickein kosmische Verhältnisse, wie sie wohl noch nie vorher einem Nichteingeweihten zuteil geworden waren. Der Schriftleiter, der sich seit über 40 Jahren aufs Intensivste mit allen Problemen okkulten Forschens beschäftigt hat, konnte in dieser einen Stunde des Zusammenseins mit dem „Eremiten" soviel zulernen, wie es ihm wahrscheinlich durch intensivstes Studium für den ganzen Rest seines Lebens nicht möglich gewesen wäre. Und jede Aufklärung wurde so gefällig gegeben, dass sie niemals die Form einer Belehrung aufwies. Der „Eremit" legte im Gespräch manchmal seinen Arm um den Schriftleiter und sprach zu ihm wie ein Vater zum Sohn.

Obgleich bei dieses Begegnung der „Eremit" schon über 90 Jahre alt war, sah er dem Aeussern nach aus, als ob er gerade erst kaum die Sechzig überschritten hätte. Seine Bewegungen zeugten von jugendlicher Frische, und lachen konnte er so herzhaft und erfrischend, dass es geradezu ansteckte, denn die nächstsitzenden Fahrgäste mussten mitlachen, sobald der „Eremit" bei seinem Erzählen wieder einmal so recht herzhaft auflachen musste. Er war etwa sechs Fuss einen Zoll gross, kräftig und untersetzt gebaut und bartlos. Wenn er im Gespräch etwas Wichtiges mitteilte, dann kam die ganze Majestät seines Wissens und seiner Persönlichkeit zum Durchbruch, nicht etwa infolge Prahlens, sondern durch die Art, wie er sprach — langsam, wuchtig und jedes Wort betonend. Man hätte sich da direkt vor ihm fürchten können, und manchmal lief es einem wie ein kalter Schauer über den Rücken, wenn er von Sachen erzählte, von denen sich ein Durchschnittmensch nicht das Geringste träumen lässt. Die Art z. B., wie er den Verlauf der menschlichen Geschichte im Hinblick auf die der Menschheit als Aufgabe gegebenen Entfaltung ihrer geistigen Anlagen erklärte, gab Aufschlüsse, die ein gewöhnlicher Sterblicher für ein Ding der Unmöglichkeit hält. Auch der Ausblick in die Zukunft — worüber der Schriftleiter aber nur ab und zu, bei passenden Gelegenheiten, in Artikeln und kurzen Hinweisen schreiben darf und wird — gab ein so ganz anderes Bild als wie wir alle es uns vorzustellen pflegen.

Wie der „Eremit" in seinem Abschiedsbrief mitteilte, wird er auch in Zukunft dem Schriftleiter des „Geistigen Lebens" noch Botschaften zukommen lassen, von denen dieser zur gegebenen Zeit und unter den dafür geeigneten Umständen nach eigenem Gutdünken Mitteilungen machen darf und mag. Für die Echtheit solcher möglichen direkten Botschaften birgt ein mit dem „Eremiten" beim Zusammentreffen im Zuge vereinbartes Kennzeichen, woran der Schriftsteller gleich zu erkennen vermag, ob eine solche Botschaft auch echt ist. Da mag die Frage gestellt werden: „Warum die Geheimnistuerei?" Aehnlich lautete die Frage, die der Schriftleiter selbst beim Zusammentreffen mit dem „Eremiten" an diesen richtete und die lautete: „Warum hältst du dich eigentlich so versteckt?" Der „Eremit" blickte darauf den Fragesteller lächelnd an, klopfte ihn auf die Schulter and antwortete: "Ich weiss sehr wohl, lieber Bruder Felix, dass du es weisst, warum ich es tue. Ich denke, du stellst diese Frage nur noch einmal im Interesse deiner Leser, die durchaus aus mir einen ‚Heiligen' machen wollen, wie sie sich solch einen Heiligen eben immer nur vorzustellen pflegen. Daher will ich dir gern deine gestellte Frage ausführlicher beantworten. Du weisst, dass unsere innere Entwicklung nichts mit Firlefanz, Blendwerk oder Wichtigtuerei zu tun hat, auch nichts mit Wahrsagen irgendwelcher Art oder mit Wundertun. Das Grundgesetz jeder seelischen Entwicklung und geistigen Entfaltung ist Rücksicht und Hochachtung vor dem freien Willen des Nächsten und daher auch Vermeidung jeder Beeindruckung von aussen her, was einer geistigen Vergewaltigung gleichkäme. Und das ist eine der schwersten Sünden, die ein ‚Eingeweihter' begehen könnte. Jede Entwicklung und Entfaltung muss beim Menschen von innen heraus erfolgen und nicht durch Aeusserlichkeiten wie Wahrsagen und Wundertun. Wir ‚Eingeweihten' geben unsere Erkenntnisse der Welt frei und ohne jede Wichtigtuerei und Prahlerei preis, Erkenntnisse, um die wir selbst haben schwer ringen müssen. Wir geben sie der Welt preis, ohne auch nur das Geringste an Belohnung dafür zu erwarten. Wer diese Erkenntnis studiert und dann begreift, wird von innen heraus — also auf die einzige richtige und wahre Weise — wachsen und sich wundervoll entwickeln. Eine andere Möglichkeit des Fortschritts gibt es nicht! Das alles ist so einfach, vielleicht zu einfach für nicht denkende, dafür aber okkult-sensationslüsterne Menschen. Nun, wie Christus immer und immer wieder betonte, dass Sein Reich nicht von dieser Welt sei und dieses Reich auf Erden niemals mit äusserem Gepränge komme, so ist es meine Pflicht, bescheiden im Hintergrund zu bleiben. Hätte ich das bis jetzt nicht getan, was glaubst du wohl, lieber Bruder Felix, der du ja selbst Zeitungsmann bist, was die Zeitungs-Reporter, die ja meistens nur auf Sensationen aus sind, mit mir und meinen bekanntgegebenen Erkenntnissen gemacht hätten? Mindestens hätten sie alles lächerlich gemacht und entstellt. Wie jeder Gelehrte für sich das Recht in Anspruch nimmt, in der Abgeschlossenheit zu studieren und zu leben, so habe ich schliesslich auch das Recht, so zu leben, wie ich es für mich für richtig halte, nämlich bescheiden im Hintergrund zu bleiben. — Nun zum Schluss noch etwas anderes, worüber du mich auch noch gern fragen möchtest, dennoch aber zögerst, da du mir nicht lästig fallen möchtest. Du möchtest wissen, was ich von den vielen sogenannten indischen ‚Heiligen' halte, die besonders in Amerika herumreisen und Vorträge halten. Auch hierüber hast du für dich schon die richtige Antwort gefunden, obgleich du sie nochmals von mir selbst hören möchtest. Wie du ganz richtig empfindest, habe ich kein Recht, über irgendjemanden andern den Stab zu brechen, wenn selbst Gott, der Herr, es zulässt. Imitations-‚Heilige' können leicht an ihrem Auftreten erkannt werden. Sie sind fast immer arrogant (sie wissen angeblich alles), zwingend (Kurse kosten soundsoviel), anmassend (sie geben Zertifikate für ‚Vollendung' aus), herausfordernd (sie geben fast nie etwas frei) und eingebildet (sie bekleiden sich mit indischen Turbanen, um mehr Eindruck zu machen). Doch ich fälle kein Urteil über sie, sondern gebe nur bekannt, woran man Echtes von Unechtem erkennen kann. An denen, die zu solchen Indern laufen, liegt es selbst, dann das Echte vom Talmi zu unterscheiden. Wir Menschen sind hier auf Erden, um selbst entscheiden zu lernen. Wie könnte ich mir da wohl anmassen, für die andern zu entscheiden, indem ich ihnen sage, der oder jener ist falsch. Ich habe kein Recht, irgendeinen meiner

Brüder zu verurteilen." — Als der Zug sich Livingston näherte und die Bremsen schon angezogen wurden, fragte der „Eremit" den Schriftleiter, ob er nicht vielleicht noch eine persönliche Frage stellen wolle. Als der Gefragte dies verneinte, erklärte der „Eremit": „Nun, so will ich dir aus freien Stücken noch einen persönlichen Aufschluss über deine Zukunft geben, doch du musst mir versprechen, zu niemandem davon zu reden." Als der Schriftleiter das versprach, machte der „Eremit" ihm einige Mitteilungen über seine Zukunft, worüber er nie zu jemandem sprechen wird, selbst zu seinen nächsten Anverwandten nicht. Mit einem Händedruck schied dann der „Eremit". Sein letzter Blick schien den Schriftleiter wie ein Strahl zu durchdringen.

Eine Mahnung des „Eremiten" sei hier gesondert wiedergegeben, da sie zu wichtig ist und wohl kaum genügend Beachtung gefunden hätte, wenn sie im Verlaufe der Zwiegespräche nur so nebenbei erwähnt worden wäre. Die Mahnung lautet:

„Mache folgendes den Lesern klar! Niemals werde ich mich nach meinem Ableben in irgendeinem spiritistischen Kreis durch irgendein Medium melden. Wird dir solches mitgeteilt, sei versichert: Es liegt eine Selbsttäuschung vor. Botschaften werde ich nur dir auf besondere Weise zugehen lassen." Darauf wurde zwischen dem „Eremiten" und dem Schriftleiter das schon erwähnte Zeichen vereinbart, an dem eine Botschaft als eine vom „Eremiten" herkommende erkannt werden kann. Das Zeichen ist nur dem Schriftleiter bekannt und geht mit ihm ins Grab.

Ferner gab der „Eremit" noch nachstehende Warnung bekannt:

„Niemals falle es irgendjemandem ein, etwa zu mir zu beten als zu einem Vermittler zu Gott! So etwas gibt es nicht! Zu Gott muss jeder allein beten und kommen. Der Weg zu Ihm ist das andächtige Gebet! Es braucht kein gelerntes oder einstudiertes zu sein, sondern kann in einer einfachen Zwiesprache zwischen einem Betenden und Gott bestehen und in der rechten Lebensweise nach den Anweisungen Gottes, nämlich: ‚Liebe Gott über alles und deinen Nächsten wie dich selbst!' Ich, der ich euch als der ‚Eremit' bekannt bin, bin für euch nichts weiter als ein Freund und Berater gewesen."

Auf die Frage des Schriftleiters: „Ob denn die Menschen, die keine Gelegenheit hätten, die Schulen der Eingeweihten zu besuchen und die „Meisterschaft“ zu erreichen, dadurch benachteiligt seien“, antwortete der „Eremit“ wie folgt:

„Jeder Christ und sonstige Gläubige, der ehrlich und aufrichtig den Geboten seiner Religion folgt — und der Christ den beiden Hauptgeboten des Heilandes: ‚Liebe Gott über alles und den Nächsten wie dich selbst!‘ — kommt genau so weit wie jemand, der hier durch eine Schule der Eingeweihten gegangen ist. Warum ich diese dann durchgemacht habe? Weil es mich interessierte, fesselte und ich mich dazu hingezogen fühlte, genau wie irgendein Mensch zu einem bestimmten Berufe. Mich lockten, meinem Naturell nach, die Gefahren und das Abenteuerliche bei der Erringung der Meisterschaft, und dann war ich ja auch durch meine ganze Entwicklung in diese Richtung gedrängt worden. Wem nicht die Gelegenheit zuteil wird, solche Schule der Eingeweihten besuchen zu können, der schreite nur ruhig weiter auf dem Wege seiner Religion — ein Christ auf dem Wege der Liebe zu Gott und dem Nächsten — und er wird genau dahin gelangen, wo wir ‚Meister‘ stehen. Das Einzige, worin wir nach Erlangung der ‚Meisterschaft‘ den Vorzug haben, ist, dass uns ganz gewaltige Aufgaben gegeben werden. Man stelle sich deren Lösung trotz erlangter ‚Meisterschaft‘ aber ja nicht so leicht vor! Sie sind genau so schwer wie eure eigenen Alltags-Aufgaben!“

Nun noch einige Antworten auf Fragen, die dem Schriftleiter schon öfters gestellt wurden:

Dass der Schriftleiter für längere Zeit keine weiteren Botschaften vom „Eremiten“ erhalten hatte, lag in den Zeitverhältnissen begründet, um ersteren nicht in Versuchung zu bringen, von dem eventuellen Mitgeteilten etwas zu veröffentlichen, woran Anstoss genommen werden könnte. Der „Eremit“ hat es übrigens dem Schriftleiter anheimgestellt, aus ihm zugehenden evtl. weiteren „Mitteilungen“ oder „Kundgebungen“ zu veröffentlichen soviel und was er wolle. — Dass der „Eremit“ übrigens ab und zu beim Schriftleiter sein muss, fühlt dieser beim Schreiben von Artikeln. Er empfindet eine höhere Inspiration. — Doch kürzlich hatte der Schriftleiter ein Erlebnis dafür, dass der „Eremit“ bei ihm sein muss. Nach einem Vortrage, den der Schriftleiter in New York hielt, kam eine Dame — Leserin des „Geistigen Lebens“ — auf ihn zu, erklärte, sie sei medial und habe während des Vortrages jemand neben dem Schriftleiter stehen sehen, der wie ein Farmer gekleidet, gross, bartlos war und einen sehr freundlichen und durchgeistigten

Gesichtsausdruck gehabt hätte. Auch noch einige andere Zuhörerinnen, die angaben, hellseherisch zu sein, wollen die eben beschriebene Gestalt neben dem Schriftleiter gesehen haben. Die Mitteilungen der Frauen erfolgten unabhängig von einander.

Die meisten „Mitteilungen des Eremiten" empfing der Schriftleiter telepathisch, nachdem die erste telepathische Uebertragung, wie eingangs erwähnt, geglückt war. Diese Uebertragung erfolgt meistens so, dass der Herausgeber, wenn er viel auf seiner Schreibmaschine zu schreiben hat, dann die Mitteilungen des „Eremiten" unter den von ihm geschriebenen Manuskripten vorfindet.

„Bruder John", der die Nachricht vom Ableben des „Eremiten" an den Schriftleiter übermittelte, hat sich, wie er ankündigte, bei diesem nicht mehr gemeldet, doch etwa dreiviertel Jahr später las der Schriftleiter in der Beilage einer Sonntagsausgabe einer englisch-amerikanischen Zeitung einen Bericht von Reisenden in Peru, denen nahe dem Kamm der Anden plötzlich eine Person begegnet sei, die sich „Bruder John" nannte und die Reisenden warnte, weiterzugehen. Und wirklich ging dann bald eine grosse Lawine nieder. In dem Bericht hiess es, dass man „Bruder John" nachher nicht mehr gesehen hätte. Ob es derselbe „Bruder John" war, der dem Schriftleiter die Nachricht von dem Ableben des „Eremiten" übermittelte, weiss dieser nicht, doch ist es schon möglich.

Inhalts-Verzeichnis

WEITERE BÜCHER AUS DEM MANGALAM VERLAG

Matri Darshan

Ein Photo-Album über Shri Anandamayi Ma

Text zweisprachig (deutsch/englisch)/ 144 Seiten
mit 67 ganzseitigen, teils farbigen Photos/ gebunden/
DM 24,80

ISBN 3-922477-87-9

Wenn sich das Göttliche nur in Weisheit und Entsagung offenbart, mag sich das menschliche Bewußtsein noch verschließen, doch schwerlich entzieht sich unser Herz der Schönheit, Anmut und Lieblichkeit der göttlichen Gegenwart. Dies gilt auch für das vorliegende Buch über die Glückselige Mutter Anandamayi Ma (1896-1892), in dem selten schöne Photos der Heiligen wirkungsvoll durch Ihre tiefgehenden und dennoch kurzgefaßten Aussagen ergänzt werden. Bilder und Worte vermitteln dem Betrachter den faszinierenden Eindruck einer Verwirklichung, die nur ein Mensch leben kann, der völlig im göttlichen Bewußtsein gegründet ist. Dieses Buch eignet sich sowohl als ausgewähltes Geschenk wie auch zur eigenen Besinnung!

Worte der Glückseligen Mutter Ānandamayī Mā

Aus dem Englischen übersetzt und zusammengestellt von Doris Schang.

Wer ist Ānandamayī Mā? Ihr Name bedeutet wörtlich: die Mutter, die von Glückseligkeit durchdrungen ist. 1896 in Indien geboren reist Sie noch heute ständig durch dieses Land und inspiriert durch Ihre bloße Gegenwart, Ihre Liebe und Weisheit Tausende zur spirituellen Suche. Ānandamayī Mā vertritt weder einen bestimmten Yogaweg, noch beansprucht Sie für sich, ein 'Guru' zu sein. Auf universelle Weise rät Sie vielmehr jedem Menschen, seiner Religion oder seinem Meister zu folgen und lebendige spirituelle Erfahrung anzustreben, um höchste Verwirklichung zu erreichen.
Während Werke über Ānandamayī Mā in Frankreich, den USA und Indien bereits einen festen Platz in der Literatur gefunden haben, stellt dieses Buch die erste umfassende Übersetzung Ihrer Aussagen in deutscher Sprache dar. Neben einer ausführlichen Lebensbeschreibung enthält es Ratschläge für zahlreiche Aspekte des aktiven und spirituellen Lebens.
Aus dem Inhalt: Über Ānandamayī Mā / Der Pfad zur Vollendung / Guru und Initiation / Über wirkliche Liebe und bloße Anziehung / Hingabe / Gebet / Meditation / Über Gebrauch und Mißbrauch psychischer Kräfte / Schweigen / Verwirklichung / Leben in der Welt als Dienen / Kinder und Erziehung / Ernährung / Kleidung / Schlaf / Heirat und die Rolle als Mann und Frau / Über Tod und die richtige Einstellung zu unseren Verstorbenen / Gleichnisse / Entsagung / Gnade / Gott und Sein Spiel der Schöpfung u.a.

327 Seiten mit zahlreichen Photos, Leinen
ISBN 3-922 477-84-4

Indische Kindergeschichten — Doris Schang (Übers.)

Zwölf spannende Geschichten für Kinder und Erwachsene, nacherzählt aus den alten, heiligen Schriften Indiens — Shrimad Bhagavatam, Ramayana und Vishnu Purana. Ob es um die Abenteuer und Spiele des kleinen göttlichen Hirtenknaben Krishna geht oder um den Sieg der Götter über die Dämonen, um die Belehrung des Königs durch einen weisen Einsiedler oder um die heldenhafte Liebe einer treuen Gattin — in einfacher Sprache machen uns diese Geschichten mit dem jahrhundertealten erzählerischen Erbe Indiens vertraut, das dort bis zum heutigen Tag die heranwachsenden Gemüter inspiriert. — Aus dem Inhalt: Die Geburt Krishnas / Die göttliche Kindheit / Krishna in den Wäldern / Die Vernichtung des Ungeheuers Aghasura und Brahmas Diebstahl / Der Sieg über den Schlangenfürsten Kaliya / Krishna hebt den Govardhana-Berg empor / Die Geschichte von Prahlada / Gopala und der Kuhhirte / Kupfer zu Gold / Die Geschichte von Shiva, dem großen Gott / Sati, die vollkommene Gattin / Die Geschichte von Uma Haimavati.

ISBN 3-922 477-08-09, broschiert, 77 Seiten

Bhaja Govindam — Shankara

Aus dem Englischen übersetzt von Doris Schang.

'Bhaja Govindam' bedeutet wörtlich 'Suche und verehre Gott' und bildet den stets sich wiederholenden Refrain einer Hymne der Entsagung, die vor vielen Jahrhunderten von dem berühmten indischen Vedantaphilosophen Shankara verfasst wurde. Shankara gilt als Reformator vedischen Wissens, der Indien in einer Zeit zunehmender geistiger Spaltung wieder das Wissen um die Einheit von dem individuellen Selbst mit der kosmischen Allseele gab.
Jeder der 31 Verse mahnt den Leser, über allem weltlichen Wissen und den Ablenkungen des Lebens nicht die Suche nach Vereinigung mit seinem Ursprung zu vergessen. Die Hymne wird ergänzt von einigen Ausführungen und Anekdoten über das Leben und Werk Shankaras.
Zu 'Bhaja Govindam' ist auch eine Langspielplatte mit der Sanskritrezitation beim Verlag erhältlich.

Text in Sanskrit, lat. Umschrift und Deutsch.
ISBN 3-922 477-31-3, 45 Seiten, broschiert

Nektar des Entzückens — Shri Hanumanprasadji Poddar

Sechzehn Gedichte über die Liebe zwischen Rādhā und (Gott) Krishna, welche gleichsam Symbole bräutlicher Liebe zwischen Gott und der Ihn liebenden Seele darstellen. Der indischen Tradition nach bilden Rādhā und Krishna eine ewige göttliche Einheit, die sich nur deshalb in zwei zuweilen getrennt erscheinenden Gestalten manifestiert, um sich dadurch gesteigerter Liebe zueinander zu erfreuen. Im Abendland findet diese religiöse Liebeslyrik vielleicht nur im Hohen Lied Salomons eine Entsprechung.

2. verbesserte Auflage 1980. Text in Hindi und Deutsch. 43 Seiten, broschiert
ISBN 3-922 477-03-8

Bhakti Sutras — Narada

Dieses klassische Werk enthält die 84 Aphorismen des altindischen Weisen Narada über den Pfad der Hingabe an das Göttliche.
Liebende Hingabe, die neben den Disziplinen der intellektuellen Unterscheidung, der Meditation und des aktiven Dienens, eine vierte Möglichkeit zur Befreiung aufzeigt, wird von vielen Lehrern als der für die heutige Zeit leichteste und geeignetste Weg zur Befreiung erklärt.
Aus dem Inhalt: Eine Beschreibung der Höchsten Liebe / Selbsthingabe / Beispiele göttlicher Liebe / Das Aufsuchen heiliger Gemeinschaft / Vorbereitende und Höchste Hingabe / Verschiedene Arten göttlicher Liebe.

ISBN 3-922 477-48-8, 22 Seiten, broschiert